신입직원(채용형 인턴) 5급/6급 채용 대비

LH한국토지주택공사

직업기초능력평가

실전모의고사 3회분

LH한국토지주택공사

직업기초능력평가 실전모의고사(3회분)

초판 인쇄	2023년 8월 1일
초판 발행	2023년 8월 3일

편 저 자 | 취업적성연구소
발 행 처 | ㈜서원각
등록번호 | 1999-1A-107호
주　　소 | 경기도 고양시 일산서구 덕산로 88-45(가좌동)
교재주문 | 031-923-2051
팩　　스 | 031-923-3815
교재문의 | 카카오톡 플러스 친구[서원각]
홈페이지 | www.goseowon.com

우리나라 기업들은 1960년대 이후 현재까지 비약적인 발전을 이루었다. 이렇게 급속한 성장을 이룰 수 있었던 배경에는 우리나라 국민들의 근면성 및 도전정신이 있었다. 그러나 빠르게 변화하는 세계 경제의 환경에 적응하기 위해서는 근면성과 도전정신 이외에 또 다른 성장 요인이 필요하다.

최근 많은 공사·공단은 직무 관련성에 대한 고려 없이 인·적성, 지식 중심으로 치러지던 기존의 필기전형에서 탈피하여, 직업기초능력과 직무수행능력을 측정하기 위한 직업기초능력평가, 직무수행능력평가 등을 도입하고 있다.

본서는 한국토지주택공사의 채용에 대비하기 위한 모의고사 형태의 문제집으로, 다음과 같이 구성하여 수험생들이 단기간에 최상의 학습 효율을 얻을 수 있도록 하였다.

- 공사의 출제 스타일을 반영한 3회분 모의고사
- 수록과목 : 의사소통능력, 수리능력, 문제해결능력
- 정·오답에 대한 상세하고 확신한 해설

합격을 향해 고군분투하는 당신에게 힘이 되는 교재가 되기를 바라며,
달려가는 그 길을 서원각이 진심으로 응원합니다.

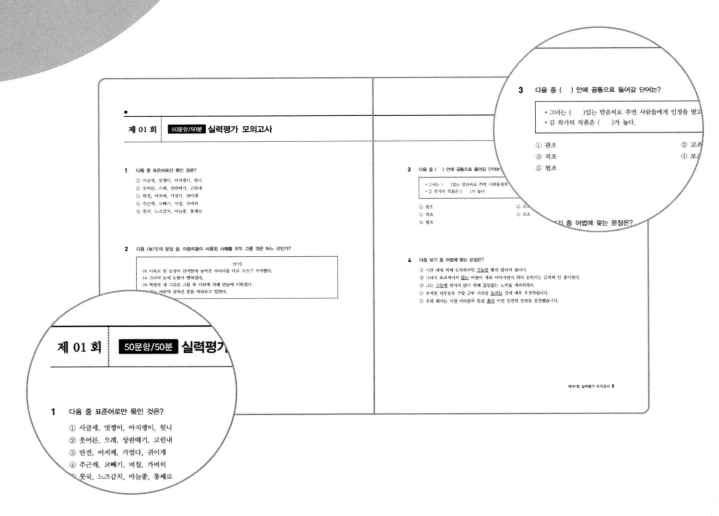

제 01 회 50문항/50분 **실력평가 모의고사**

1 다음 중 표준어로만 묶인 것은?

① 사글세, 멋쟁이, 아지랑이, 윗니
② 웃어른, 으레, 상판때기, 고린내
③ 만전, 어저께, 가엽다, 귀이개
④ 주근깨, 코빼기, 며칠, 가벼이
⑤ 뭇국, 느즈감치, 마늘종, 통째로

2 다음 〈보기〉의 문장 중, 이중피동이 사용된 사례를 모두 고른 것은 어느 것인가?

〈보기〉
㉠ 이윽고 한 남성이 산비탈에 놓여진 사다리를 타고 오르기 시작했다.
㉡ 그녀의 눈에 눈물이 맺혀졌다.
㉢ 학생들 네 그룹은 그룹 두 사람에 의해 단숨에 비춰졌다.
㉣ 그는 바람에 갈려진 문을 바라보고 있었다.

3 다음 중 ( ) 안에 공통으로 들어갈 단어는?

• 그녀는 ( )있는 말솜씨로 주변 사람들에게 인정을 받고
• 김 작가의 작품은 ( )가 높다.

① 관조   ② 고조
③ 격조
④ 보조
⑤ 협조

4 다음 보기 중 어법에 맞는 문장은?

① 시간 내에 예에 도착하려면 <u>걸음이</u> 빨리 달려야 합니다.
② 그다지 효과적이지 <u>않는</u> 비판이 계속 어이지면서 회의 분위기는 급격히 안 좋아졌다.
③ 그는 <u>그릇에</u> 뒤지지 않기 위해 끊임없는 노력을 계속하였다.
④ 부서원 대부분은 주말 근무 시간을 <u>늘리는</u> 것에 매우 부정적입니다.
⑤ 우리 회사는 사원 여러분의 <u>몫을 물이</u> 이번 안전의 방향을 결정했습니다.

제 01회 실력평가 모의고사 9

제 01 회 50문항/50분 **실력평가**

1 다음 중 표준어로만 묶인 것은?

① 사글세, 멋쟁이, 아지랑이, 윗니
② 웃어른, 으레, 상판때기, 고린내
③ 만전, 어저께, 가엽다, 귀이개
④ 주근깨, 코빼기, 며칠, 가벼이
⑤ 뭇국, 느즈감치, 마늘종, 통째로

3 다음 중 ( ) 안에 공통으로 들어갈 단어는?

• 그녀는 ( )있는 말솜씨로 주변 사람들에게 인정을 받고
• 김 작가의 작품은 ( )가 높다.

① 관조   ② 고조
③ 격조
④ 보조
⑤ 협조

실력평가 모의고사

실제 시험과 동일한 유형의 모의고사를 3회분 수록하여 충분한 문제풀이를 통한 효과적인 학습이 가능하도록 하였습니다.

정답 및 해설

정·오답에 대한 명쾌한 해설을 깔끔하게 담아 효율적이고 확실한 학습이 가능하도록 하였습니다.

① 실력평가 모의고사

② 정답 및 해설

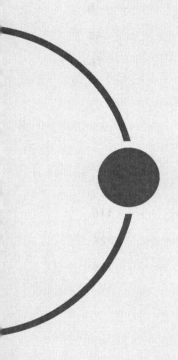

PART

01

실력평가 모의고사

1 다음 중 표준어로만 묶인 것은?

① 사글세, 멋쟁이, 아지랭이, 윗니

② 웃어른, 으레, 상판때기, 고린내

③ 딴전, 어저께, 가엽다, 귀이개

④ 주근깨, 코빼기, 며칠, 가벼히

⑤ 뭇국, 느즈감치, 마늘종, 통째로

2 다음 〈보기〉의 문장 중, 이중피동이 사용된 사례를 모두 고른 것은 어느 것인가?

〈보기〉
(가) 이윽고 한 남성이 산비탈에 놓여진 사다리를 타고 오르기 시작했다.
(나) 그녀의 눈에 눈물이 맺혀졌다.
(다) 짜장면 네 그릇은 그들 두 사람에 의해 단숨에 비워졌다.
(라) 그는 바람에 닫혀진 문을 바라보고 있었다.

① (나), (다), (라)

② (가), (나), (라)

③ (가), (다), (라)

④ (가), (나), (다)

⑤ (가), (나), (다), (라)

3 다음 중 (   ) 안에 공통으로 들어갈 단어는?

> • 그녀는 (   )있는 말솜씨로 주변 사람들에게 인정을 받고 있다.
> • 김 작가의 작품은 (   )가 높다.

① 관조   ② 고조
③ 격조   ④ 보조
⑤ 협조

4 다음 보기 중 어법에 맞는 문장은?

① 시간 내에 역에 도착하려면 <u>가능한</u> 빨리 달려야 합니다.
② 그다지 효과적이지 <u>않는</u> 비판이 계속 이어지면서 회의 분위기는 급격히 안 좋아졌다.
③ 그는 <u>그들에</u> 뒤지지 않기 위해 끊임없는 노력을 계속하였다.
④ 부서원 대부분은 주말 근무 시간을 <u>늘리는</u> 것에 매우 부정적입니다.
⑤ 우리 회사는 사원 여러분의 뜻을 <u>쫓아</u> 이번 안건의 방향을 결정했습니다.

5　다음 중 제시된 문장의 빈칸에 들어갈 단어로 알맞은 것을 고르시오.

> • 정부는 저소득층을 위한 새로운 경제 정책을 (　)했다.
> • 불우이웃돕기를 통해 총 1억 원의 수익금이 (　)되었다.
> • 청소년기의 중요한 과업은 자아정체성을 (　)하는 것이다.

① 수립(樹立) – 정립(正立) – 확립(確立)　　　② 수립(樹立) – 적립(積立) – 확립(確立)

③ 확립(確立) – 적립(積立) – 수립(樹立)　　　④ 기립(起立) – 적립(積立) – 수립(樹立)

⑤ 확립(確立) – 정립(正立) – 설립(設立)

▌6~7▐ 다음 글을 읽고 이어지는 물음에 답하시오.

경쟁의 승리는 다른 사람의 재산권을 침탈하지 않으면서 이기는 경쟁자의 능력, 즉 경쟁력에 달려 있다. 공정경쟁에서 원하는 물건의 소유주로부터 선택을 받으려면 소유주가 원하는 대가를 치를 능력이 있어야 하고 남보다 먼저 신 자원을 개발하거나 신 발상을 창안하려면 역시 그렇게 해낼 능력을 갖추어야 한다. 다른 기업보다 더 좋은 품질의 제품을 더 값싸게 생산하는 기업은 시장경쟁에서 이긴다. 우수한 자질을 타고났고, 탐사 또는 연구개발에 더 많은 노력을 기울인 개인이나 기업은 새로운 자원이나 발상을 대체로 남보다 앞서서 찾아낸다.

개인의 능력은 천차만별인데, 그 차이는 타고나기도 하고 후천적 노력에 의해 결정되기도 한다. 능력이 후천적 노력만의 소산이라면 능력의 우수성에 따라 결정되는 경쟁 결과를 불공정하다고 불평하기는 어렵다. 그런데 능력의 많은 부분은 타고난 것이거나 부모에게서 직간접적으로 물려받은 유무형적 재산에 의한 것이다. 후천적 재능 습득에서도 그 성과는 보통 개발자가 타고난 자질에 따라 서로 다르다. 타고난 재능과 후천적 능력을 딱 부러지게 구분하기도 쉽지 않은 것이다.

어쨌든 내가 능력 개발에 소홀했던 탓에 경쟁에서 졌다면 패배를 승복해야 마땅하다. 그러나 순전히 타고난 불리함 때문에 불이익을 당했다면 억울함이 앞선다. 이 점을 내세워 타고난 재능으로 벌어들이는 소득은 그 재능 보유자의 몫으로 인정할 수 없다는 필자의 의견에 동의하는 학자도 많다. 자신의 재능을 발휘하여 경쟁에서 승리하였다 하더라도 해당 재능이 타고난 것이라면 승자의 몫이 온전히 재능 보유자의 것일 수 없고 마땅히 사회에 귀속되어야 한다는 말이다.

그런데 재능도 노동해야 발휘할 수 있으므로 재능 발휘를 유도하려면 그 노고를 적절히 보상해주어야 한다. 이론상으로는 재능 발휘로 벌어들인 수입에서 노고에 대한 보상만큼은 재능보유자의 소득으로 인정하고 나머지만 사회에 귀속시키면 된다.

6 윗글을 읽고 나눈 다음 대화의 ㉠~㉤ 중, 글의 내용에 따른 합리적인 의견 제기로 볼 수 없는 것은 어느 것인가?

A : "타고난 재능과 후천적 노력에 대하여 어떻게 보아야 할지에 대한 필자의 의견이 담겨 있는 글입니다."
B : "맞아요. 앞으로는 ㉠ 선천적인 재능에 대한 경쟁이 더욱 치열해질 것 같습니다."
A : "그런데 우리가 좀 더 확인해야 할 것은, ㉡ 과연 얼마만큼의 보상이 재능 발휘 노동의 제공에 대한 몫이냐 하는 점입니다."
B : "그와 함께, ㉢ 얻어진 결과물에서 어떻게 선천적 재능에 의한 부분을 구별해낼 수 있을까에 대한 물음 또한 과제로 남아 있다고 볼 수 있겠죠."
A : "그뿐이 아닙니다. ㉣ 타고난 재능이 어떤 방식으로 사회에 귀속되어야 공정한 것인지, ㉤ 특별나게 열심히 재능을 발휘할 유인은 어떻게 찾을 수 있을지에 대한 고민도 함께 이루어져야 하겠죠."

① ㉠   ② ㉡
③ ㉢   ④ ㉣
⑤ ㉤

7 윗글에서 필자가 주장하는 내용과 견해가 다른 것은?

① 경쟁에서 승리하기 위해서는 능력이 필요하다.
② 능력에 의한 경쟁 결과가 불공정하다고 불평할 수 없다.
③ 선천적인 능력이 우수한 사람은 경쟁에서 이길 수 있는 확률이 높다.
④ 후천적인 능력이 모자란 결과에 대해서는 승복해야 한다.
⑤ 타고난 재능에 의해 얻은 승자의 몫은 일정 부분 사회에 환원해야 한다.

8 다음 글에서 제시한 '자유무역이 가져다주는 이득'과 거리가 먼 것은?

> 오늘날 세계경제의 개방화가 진전되면서 국제무역이 계속해서 크게 늘어나고 있다. 국가 간의 무역 규모는 수출과 수입을 합한 금액이 국민총소득(GNI)에서 차지하는 비율로 측정할 수 있다. 우리나라의 2014년 '수출입의 대 GNI 비율'은 99.5%로 미국이나 일본 등의 선진국과 비교할 때 매우 높은 편에 속한다.
>
> 그렇다면 국가 간의 무역은 왜 발생하는 것일까? 가까운 곳에서 먼저 예를 찾아보자. 어떤 사람이 복숭아를 제외한 여러 가지 과일을 재배하고 있다. 만약 이 사람이 복숭아가 먹고 싶을 때 이를 다른 사람에게서 사야만 한다. 이와 같은 맥락에서 나라 간의 무역도 부존자원의 유무와 양적 차이에서 일차적으로 발생할 수 있다. 헌데 이러한 무역을 통해 얻을 수 있는 이득이 크다면 왜 선진국에서조차 완전한 자유무역이 실행되고 있지 않을까? 세계 각국에 자유무역을 확대할 것을 주장하는 미국도 자국의 이익에 따라 관세 부과 등의 방법으로 무역에 개입하고 있는 실정이다. 그렇다면 비교우위에 따른 자유무역이 교역 당사국 모두에게 이익을 가져다준다는 것은 이상에 불과한 것일까?
>
> 세계 각국이 보호무역을 취하는 것은 무엇보다 자국 산업을 보호하기 위한 것이다. 비교우위가 없는 산업을 외국기업과의 경쟁으로부터 어느 정도의 경쟁력을 갖출 때까지 일정 기간 보호하려는 데 그 목적이 있는 것이다.
>
> 우리나라의 경우 쌀 농업에서 특히 보호주의가 강력히 주장되고 있다. 우리의 주식인 쌀을 생산하는 농업이 비교우위가 없다고 해서 쌀을 모두 외국에서 수입한다면 식량안보 차원에서 문제가 될 수 있으므로 국내 농사를 전면적으로 포기할 수 없다는 논리이다.
>
> 교역 당사국 각자는 비교우위가 있는 재화의 생산에 특화해서 자유무역을 통해 서로 교환할 경우 기본적으로 거래의 이득을 보게 된다. 자유무역은 이러한 경제적 잉여의 증가 이외에 다음과 같은 측면에서도 이득을 가져다준다.

① 각국 소비자들에게 다양한 소비 기회를 제공한다.
② 비교우위에 있는 재화의 수출을 통한 규모의 경제를 이루어 생산비를 절감할 수 있다.
③ 비교우위에 의한 자유무역의 이득은 결국 한 나라 내의 모든 경제주체가 누리게 된다.
④ 경쟁을 활성화하여 경제 전체의 후생 수준을 높일 수 있다.
⑤ 각국의 기술 개발을 촉진해주는 긍정적인 파급 효과를 발휘하기도 한다.

다음 글을 읽고 화자의 견해로 미루어 짐작할 수 있는 것은?

신화를 문학의 하나로 보는 장르론적 사유(思惟)에서 벗어나 담론적 실천으로 바라보는 시각에서 신화는 그것과 연루된 인지와 행위를 다른 어떤 담론보다도 적극적으로 호명하는 장치를 갖고 있다. 다시 말해 신화가 있는 곳에 믿음이 있고 행위가 있으며, 이는 곧 신화가 갖는 강력한 지표성을 말해준다. 이러한 지표성으로 인해 우리는 신화가 우리의 삶에 미치는 직접적인 영향을 더욱 생생하게 경험할 수 있게 된다. 그러나 신화의 지표성은 신화를 개념화하는 것을 더욱 어렵게 만든다.

개념이 확정되는 것은 그것이 의미체계 어딘가에 제자리를 잡는 것을 말한다. 확고한 의미체계로 이루어진 담론이 그것과 지표적으로 연루된 현실의 간섭을 받는다면 그러한 세계는 그 확고함을 유지하기가 어려울 것이다. 신화의 개념은 그것이 갖는 지표성으로 인해 의미체계 안에서 늘 불안정한 위상을 갖는다. 그 때문에 신화는 강력한 담론이면서도 늘 해체의 위험에 노출되어 있다. 신화의 해체는 다음의 두 가지로 나타난다고 정리할 수 있을 것이다.

먼저, 신화는 탈신화적 해체에 노출된다. 이를 뮈토스(Mythos, 신화 체계)와 로고스(Logos, 이성 체계) 간에 이루어지는 상호작용으로 파악할 수 있다. 즉, 신화에 내포된 믿음은 맹목적인 것이지만, 신화는 그것을 합리적인 것으로 위장한다. 혹은 탈신화를 통해 얻어진 합리성이라 하더라도, 그것이 어느 순간 맹목적인 믿음의 모습으로 돌변하기도 한다. 그러므로 신화는 늘 명사가 아닌 동사의 모습으로 나타난다. 언제나 이러한 해체의 역동적인 움직임이 수반되기에 신화는 '신화함'이거나 '신화됨'으로 나타나는 것이다. 아울러 그러한 움직임에 대한 반작용을 필연적으로 함의한 역설적 동사인 것이다.

다음으로, 신화는 사유(思惟)의 한 형태로 문학이나 언어의 경계를 넘어서 존재한다. 기호 작용이라 규정됨으로써 그것은 존재론적이면서 인식론적인 모든 현상에 골고루 침투한다. 신화가 없는 곳은 문화가 없는 곳이고 인간이 없는 곳이다. 한마디로 신화는 필연적인 것이다.

신화의 이러한 특성 때문에 신화는 더욱 위험하고, 잠재적이며 때로는 무의식적인 것처럼 보인다. 그러나 바로 이 때문에 우리는 신화를 더욱 노출시키고, 실재화시키며, 의식화시킬 필요가 있다. 이것이 앞서 말한 탈신화일 터인데, 그러한 사유는 우리의 문화를 맹목으로 얼룩진 부패한 모습이 아닌 활발한 모습으로 숙성된 발효한 모습으로 거듭나게 할 것이다.

① 신화는 기존의 차원을 넘어선 보다 깊이 있는 사색을 통해 거듭나야 한다.
② 신화는 문학 외의 다양한 예술적 차원에서 사유되어야 한다.
③ 문학은 신화를 담론적 시각으로 바라보는 하나의 수단이다.
④ 신화를 노출함으로써 저마다의 문화를 더욱 수용할 수 있게 된다.
⑤ 신화를 해체의 위험에서 구출할 수 있는 것은 다양한 형태의 구전이다.

10 다음 글의 문맥을 참고할 때, 빈 칸에 들어갈 단어로 가장 적절한 것은?

> 최근 과학기술 평준화 시대에 접어들며 의약품과 의료기술 성장은 인구 구조의 고령화를 촉진하여 노인인구의 급증은 치매를 포함한 신경계 질환 (   ) 증가에 영향을 주고 있다. 따라서 질병치료 이후의 재활, 입원 기간 동안의 삶의 질 등 노년층의 건강한 생활에 대한 사회적 관심이 증가되고 있다. 사회적 통합 기능이 특징인 음악은 사람의 감정과 기분에 강한 영향을 주는 매체로 단순한 생활소음과는 차별되어 아동기, 청소년기의 음악교과 활동뿐만 아니라 다양한 임상 분야와 심리치료 현장에서 활용되고 있다. 일반적으로 부정적 심리상태를 안정시키는 역할로 사용되던 음악은 최근 들어 구체적인 인체 부위의 생리적 기전(Physiological Mechanisms)에 미치는 효과에 관심을 갖게 되었다.

① 유병률

② 전염률

③ 발병률

④ 점유율

⑤ 질병률

11 다음 글의 중심 화제로 적절한 것은?

> 전통은 물론 과거로부터 이어 온 것을 말한다. 이 전통은 대체로 그 사회 및 그 사회의 구성원인 개인의 몸에 배어 있는 것이다. 그러므로 스스로 깨닫지 못하는 사이에 전통은 우리의 현실에 작용하는 경우가 있다. 그러나 과거에서 이어 온 것을 무턱대고 모두 전통이라고 한다면, 인습이라는 것과의 구별이 서지 않을 것이다. 우리는 인습을 버려야 할 것이라고는 생각하지만, 계승해야 할 것이라고는 생각하지 않는다. 여기서 우리는, 과거에서 이어 온 것을 객관화하고, 이를 비판하는 입장에 서야 할 필요를 느끼게 된다. 그 비판을 통해서 현재의 문화 창조에 이바지할 수 있다고 생각되는 것만을 우리는 전통이라고 불러야 할 것이다. 이같이, 전통은 인습과 구별될뿐더러, 또 단순한 유물과도 구별되어야 한다. 현재의 문화를 창조하는 일과 관계가 없는 것을 우리는 문화적 전통이라고 부를 수가 없기 때문이다.

① 전통의 본질

② 인습의 종류

③ 문화 창조의 본질

④ 외래 문화 수용 자세

⑤ 과거에 대한 비판

12 밑줄 친 사례로 적절하지 않은 것은?

경매에서 존 레논의 기타가 구입 가격의 1만 배가 넘는 가격에 낙찰되었다고 한다. 경매에서 낙찰의 기쁨을 얻은 승자는 그 상품에서 얻을 수 있는 자신의 기쁨만큼 가격을 지불했고, 판매자도 높은 가격에 만족했을 것이다.

그러나 낙찰자가 얼마 가지 않아 레논의 기타에 싫증을 낸다면, 그 물건이 과대평가되었다는 것을 곧 알게 될 것이다. 오늘의 낙찰가가 효율적인 것처럼 보이지만, 길게 보면 결코 합리적인 가격 수준이 아닐 수도 있는 것이다.

원유의 채굴권이 경매되는 과정을 생각해보자. 누구도 매장량과 상업성을 정확히 예측할 수 없는 상황에서 기업 A가 과학적인 방법을 동원하여 가장 정확하게 가치를 산정했다고 하자. 그렇다고 경매에서 채굴권이 A에게 돌아간다는 보장은 없다. 오히려 가장 낙관적으로 과대평가한 B 기업이 채굴권을 차지한다. 그런데 이 경우 채굴권을 따낸 승자는 시장에서는 오히려 큰 손실을 보는 패자가 된다. 이런 현상을 '승자의 저주'라고 부른다. 불확실한 미래가치를 너무 용기 있게 평가했기 때문에 나타난 결과이다.

구매자가 합리적이라면, 자신이 원하는 용도에 적합하게 가격을 부른다. 그 결과 적정한 가격에서 효율적인 교환이 성립된다. 경제학에서 '효율적인 교환'이라는 말은 모든 거래 당사자가 서로 손해를 보지 않는 가격에서 교환하는 것을 말한다. 예를 들어 적정 이윤을 포함한 원가가 1만 원인데, 2만 원에 판매하거나 8,000원에 판매한다면 누군가 손실을 부담하므로 비효율적이다. 그러나 정확히 1만 원에 판매한다면, 양자가 서로 만족하면서 교환하므로 효율적인 거래가 성립된다. 1만 원 이외에는 다른 어떤 가격도 두 사람을 다 만족시킬 수 없는 것이다. 독점가격은 비효율적이고 경쟁가격이 효율적인 이유가 여기에 있다.

경매는 효율적인 가격을 결정해 주는 과정이다. 경매에 참여하는 구매자가 모두 합리적이라면, 승자의 저주도 나타나지 않는다. 특히 미래가치에 대한 확실한 정보를 알거나, 동일한 유형의 상품이 많이 거래될 때에는 합리적인 가격이 결정된다. 따라서 주식시장에서도 경매를 통해 효율적인 가격이 형성될 수 있다. 그러나 누군가가 비합리적인 행동을 한다면, 경매는 의외의 결과를 가져올 수도 있다. 주가에 거품이 있는 것처럼, 경매가격도 턱없이 올라갈 수 있기 때문이다. 그래서 승자는 비합리적인 의사결정에 대한 고통과 저주를 감당해야 한다.

---

① A 제작사는 흥행을 목적으로 가장 인기 있는 배우 섭외에 성공하여 영화를 만들었으나, 관객 동원에 실패하였다.

② B 과장은 집값이 오르리라는 기대로 남들보다 비싼 가격으로 아파트를 샀으나, 가격이 하락하면서 많은 손해를 보았다.

③ C 사원은 어려운 입사 시험을 통과하여 원하던 회사에 취직하였지만, 경제 위기 탓으로 자신이 기대한 임금을 받지 못했다.

④ D 감독은 다른 구단에 비해 더 좋은 조건을 제시하여 유명한 선수들을 영입하였지만, 성적이 좋지 않아 결국 해임되고 말았다.

⑤ E 사장은 무리한 경쟁을 통해 다른 기업의 인수합병에 성공하였으나, 그 후 자금 운영이 어려워지면서 인수합병을 후회하게 되었다.

13 다음 글을 순서대로 바르게 나열한 것은?

(개) 그러나 이런 해명에도 불구하고 우리 주변에서는 각종 난개발이 도처에서 자행되고 있으며, 환경오염은 이제 전 지구적으로 만연해 있는 것이 엄연한 현실이다. 자기 집 부근에 도로나 공원이 생기기를 원하면서도 정작 그 비용은 부담하려고 하지 않는다든지, 남에게 해를 끼치는 일인 줄 뻔히 알면서도 쓰레기를 무단 투기하는 등의 행위를 서슴지 않고 한다. '합리적인 개인'이 '비합리적인 사회'를 초래하고 있는 것이다.

(나) 그러나 개인의 합리적 선택이 반드시 사회적인 합리성으로 연결되지는 못한다는 주장도 만만치 않다. 이른바 '죄수의 딜레마' 이론에서는, 서로 의사소통을 할 수 없도록 격리된 두 용의자가 각각 개인 수준에서 가장 합리적으로 내린 선택이, 오히려 집합적인 결과에서는 두 사람 모두에게 비합리적인 결과를 초래할 수 있다고 설명하고 있다. 즉 다른 사람을 고려하지 않고 자신의 이익만을 추구하는 개인적 차원의 합리성만을 강조하면, 오히려 사회 전체적으로는 비합리적인 결과를 초래할 수 있다는 것이다. 죄수의 딜레마 이론을 지지하는 쪽에서는, 심각한 환경오염 등 우리 사회에 광범위하고 보편적으로 존재하는 문제의 대부분을 이 이론으로 설명하고 있다.

(다) 그렇다면 죄수의 딜레마와 같은 현상을 극복하고 사회적인 합리성을 확보할 수 있는 방안은 무엇인가? 그것은 개인적으로는 도덕심을 고취하고, 사회적으로는 의사소통 과정을 원활하게 하는 것이라고 할 수 있다. 각 개인들이 자신의 욕망을 적절하게 통제하고 남을 배려하는 태도를 지니면 죄수의 딜레마 같은 현상에 빠지지 않고도 개인의 합리성을 추구할 수 있을 것이다. 아울러 서로 간의 원활한 의사소통을 통해 공감의 폭을 넓히고 신뢰감을 형성하며, 적절한 의사수렴과정을 거친다면 개인의 합리성이 보다 쉽게 사회적 합리성으로 이어지는 길이 열릴 것이다.

(라) 일부 경제학자들은 이러한 주장에 대하여 강하게 반발한다. 그들은 죄수의 딜레마 현상이 보편적이고 광범위한 현상이라면, 우리 주위에서 흔히 발견할 수 있는 협동은 어떻게 설명할 수 있느냐고 반문한다. 사실 우리 주위를 돌아보면, 사람들은 의외로 약간의 손해를 감수하더라도 협동을 하는 모습을 곧잘 보여주곤 한다. 그들은 이런 행동들도 합리성을 들어 설명한다. 안면이 있는 사이에서는 오히려 상대방과 협조를 하는 행동이 장기적으로는 이익이 된다는 것을 알기 때문에 협동을 한다는 것이다. 즉 협동도 크게 보아 개인적 차원의 합리적 선택이 집합적으로 나타난 결과로 보는 것이다.

(마) 개인의 합리성과 사회의 합리성은 병행할 수 있을까? 이 문제와 관련하여 고전 경제학에서는, 각 개인이 합리적으로 행동하면 사회 전체적으로도 합리적인 결과를 얻을 수 있다고 말한다. 물론 여기에서 '합리성'이란 여러 가지 가능한 대안 가운데 효용의 극대화를 추구하는 방향으로 선택을 한다는 의미의 경제적 합리성을 의미한다. 따라서 각 개인이 최대한 자신의 이익에 충실하면 모든 자원이 효율적으로 분배되어 사회적으로도 이익이 극대화된다는 것이 고전 경제학의 주장이다.

① (가) ― (나) ― (라) ― (다) ― (마)

② (라) ― (가) ― (나) ― (마) ― (다)

③ (라) ― (나) ― (가) ― (다) ― (마)

④ (마) ― (라) ― (나) ― (가) ― (다)

⑤ (마) ― (나) ― (라) ― (가) ― (다)

14 다음 중 ㉠의 예로 적절한 것은?

> 언어 표현은 표현하려고 하는 대상에 대한 내포적인 뜻이나 외연적인 뜻을 표현한다. '내포(內包)'는 대상에 대해 화자가 떠올릴 수 있는 개인적인 느낌, 감정, 연상, 추측 등을 말한다. 가령 '봄'이라는 대상에 대해 화자는 한가롭고 포근한 마음을 느낄 수도 있고, 화창하고 생기발랄함을 느낄 수도 있으며, 어떤 시인처럼 잔인함을 느낄 수도 있다. '외연(外延)'은 그 대상이 객관적으로도 적용되는 범위, 사실을 말한다. 가령 '봄'이라는 대상에 대하여 일 년 중의 어떤 계절이며 평균 기온과 자연적인 특징 등 있는 그대로의 현상을 적용하며 그 뜻을 생각해 볼 수 있다.
>
> 사람들은 어떤 것을 생각할 때 이러한 두 가지 사고법, 곧 ㉠내포적인 사고와 외연적인 사고로 생각한다. 이 중에서도 흔히 하는 것이 내포적인 사고이다. 우리는 어떤 것을 생각할 때 사실을 보지 않고 대상의 내포적인 의미만 생각하면서 자신은 사실에 대하여 생각한다고 착각하기 쉽다. 내포적 사고는 마음 세계의 일이고 객관의 세계, 즉 사실의 세계와는 차원을 달리하고 있음에도 불구하고, 우리는 종종 말과 사실을 동일시하고 잘못된 판단을 내리기 쉽다.
>
> 반면에 우리들이 외연적인 사고를 하는 것은 사실을 발견하고 입증하고 직접 경험에 주의를 기울여 주관에 치우치지 않으려는 노력이 포함된다. 우리가 일상적으로는 나의 일이 아닌 남의 일, 세상의 일에 대해서는 외연적인 사고를 하기가 어렵다. 외연적인 사고는 사실을 일반으로 하고 있어야 하는데, 그러한 사실의 직접 확인은 현실적으로 어렵기 때문이다.

① 나는 어제 시골이 있는 할아버지 댁을 방문했다.

② 백남준은 한국이 낳은 세계적인 예술가 중 한 사람이야.

③ 20세기 초에도 우리나라에는 외국인들이 거주하고 있었다.

④ 요즘 청소년들은 십 년 전 청소년들에 비해 신체 조건이 좋다.

⑤ 바람에 흔들리는 나뭇가지의 소리로 보아 태풍이 올 것이 분명해.

15 (가) ~ (마)의 화제로 적절하지 않은 것은?

> (가) 밀은 「자유론」에서 "인간의 삶에서 각자가 최대한 다양하게 자신의 삶을 도모하는 것 이상으로 더 중요한 것은 없다."라고 하면서, '자기 식대로 사는 것'을 자유라고 규정하고 기능론적 차원에서 자유의 소중함을 강조한다. 효용을 증대시키기 위해서는 자유가 필요하다는 것이다. 자유가 온전히 주어져야 각자가 자신의 이익을 최대한 달성할 수 있고, 어느 누구라도 당사자보다 더 본인의 이익을 염려할 수는 없기 때문에 자유는 절대적으로 주어져야 한다고 주장한다.
>
> (나) 그러면서 밀은 동시에 전혀 다른 차원에서 자유의 소중함을 역설한다. 자유는 수단이 아니라 목적 그 자체라는 것이다. 남에게 해를 주지만 않는다면 각자가 원하는 바를 자기 방식대로 추구하는 것을 자유로 본다. 여기에서 밀은 반드시 본인에게 최대한 이익을 줄 것이기 때문에 자유가 보장되어야 한다고는 말하지 않는다. 설령 결과가 좋지 못하다 하더라도 자유는 소중하다는 것이다. 결과와 관계없이 각 개인이 자기가 원하는 대로 자기 삶의 방식대로 살아가는 것이 인간에게는 그 무엇보다 중요하다는 생각이다.
>
> (다) 그런데 밀은 자유 그 자체의 절대적 소중함을 역설하면서도 자유가 통제되어야 마땅할 이런저런 상황에 대해서도 고민했다. 자유란 각자가 자기 방식대로 자신의 개별성을 거리낌 없이 발휘하는 것인가라는 물음에 대해 밀은 그렇지 않다고 생각했다. 사람은 누구나 자신의 고유한 가치관과 감정, 나름의 목적에 따라 살아가야 하지만 그 자유는 일정한 방향 아래 향유되는 것이 바람직하고, 그 틀 속에서 자유를 추구해야 한다고 보았다. 방향이 없는 무원칙한 자유까지도 개별성이라는 이름으로 옹호될 수는 없다는 것이다. 밀이 자유 그 자체의 소중함을 강조하면서 동시에 자유의 조건에 대해 관심을 보이는 이유는 '자유에는 방향이 있어야 한다.'는 믿음 때문이다.
>
> (라) 사람이 어떻게 살아야 하는가 하는 문제에 대해 밀은 분명한 방향을 제시하고 있다. 자유가 소중한 것은 바로 '좋은 삶'을 위해서이다. 밀은 자유 그 자체를 소중히 여기고 있기는 하나, 엄밀히 말하면 방향이나 원칙 없는 자유를 제창하는 것은 아니다. 자유란 '자신이 원하는 바를 하는 것'이고, 여기서 '원한다'는 것은 아무런 방향 없이 '마음대로 하는 것'을 의미하지 않는다. 나무는 자신의 생존을 위해 땅속에서 마음껏 뿌리를 뻗어 나갈 자유를 요구한다. 인간도 자신의 '생명 원리'가 지시하는 바대로 살아야 하는데, 밀은 '자기 발전'이라고 하는 목적론적 가치가 인간의 생명 원리를 구성한다고 역설한다. 결국 자기 발전이라는 좋은 삶을 추구하기 위한 방향의 틀 안에서 자유를 마음껏 구가해야 한다는 것이다.
>
> (마) 그의 다른 저서 「공리주의」에서 밀은 '완전한 자유'와 '고매한 덕'은 같은 것이라고 말한다. 현명한 사람이라면 당연히 물리적이고 육체적인 '저급 쾌락' 보다는 정신적이고 고차원적인 '고급 쾌락'을 선택할 것이므로 올바르게 선택하는 사람이 진실로 현명한 사람이고, 덕이 있고 현명한 사람은 올바르게 선택할 것이기 때문에 이런 사람이 진정 자유롭다는 것이다. 가치에는 객관적인 서열이 매겨져 있으며 이성의 지시에 의해 움직이는 자유만을 참된 자유로 간주해야 한다고 본다. 웬만한 상식과 경험을 지닌 사람이라면 올바른 선택을 할 것이고, 선택이 올바르다면 다시 말해 인간에게 주어진 객관적 가치를 본인의 성정과 포부에 걸맞게 추구한다면, 그 결과는 좋을 수밖에 없다는 것이다. 방향을 전제한 자유, 이것이 밀의 생각이다.

① (가) : 목적론적 차원에서의 자유의 중요성

② (나) : 수단이 아닌 목적으로서의 자유

③ (다) : 자유의 추구와 관련한 자유의 조건

④ (라) : 자유의 올바른 방향

⑤ (마) : 이성과 참된 자유의 관계

16 〈보기〉 중 제시된 글에 이어질 내용으로 옳지 않은 것은?

> 20세기 후반부터 급격히 보급된 인터넷 기술 덕택에 가히 혁명이라 할 만한 새로운 독서 방식이 등장했다. 검색형 독서라고 불리는 이 방식은, 하이퍼텍스트 문서나 전자책의 등장으로 책의 개념이 바뀌고 정보의 저장과 검색이 놀라우리만치 쉬워진 환경에서 가능해졌다. 독서가 거대한 정보의 바다에서 길을 잃지 않고 항해하는 것에 비유될 정도로 정보 처리적 읽기나 비판적 읽기가 중요하게 되었다. 그렇다면 과거에는 어떠했을까?

〈보기〉

(가) 새로운 독서 방식으로 다독이 등장했다. 금속 활자와 인쇄술의 보급으로 책 생산이 이전의 3~4배로 증가하면서 다양한 장르의 책들이 출판되었다.

(나) 독자는 필요한 부분만 골라 읽을 수 있을 뿐 아니라 읽고 있는 텍스트의 일부를 잘라 내거나 읽던 텍스트에 다른 텍스트를 추가할 수 있게 되었다. 독자가 사용자로서 기능하기 시작한 것이다.

(다) 초기의 독서는 소리 내어 읽는 음독 중심이었다. 고대 그리스인들은 쓰인 글이 완전해지려면 소리 내어 읽는 행위가 필요하다고 생각했다.

(라) 흡사 종교 의식을 치르듯 성서나 경전을 진지하게 암송하는 낭독이나, 필자나 전문 낭독가가 낭독하는 것을 들음으로써 간접적으로 책을 읽는 낭독―듣기가 보편적이었다.

(마) 독서 역사에 큰 변화가 일어나는데, 그것은 유럽 수도원의 필경사들 사이에서 시작된, 소리를 내지 않고 읽는 묵독의 발명이었다. 공동생활에서 소리를 최대한 낮춰 읽는 것이 불가피했던 것이다.

① (가)

② (나)

③ (다)

④ (라)

⑤ (마)

17 다음 글을 읽고 알 수 있는 사실로 옳지 않은 것은?

> 반의관계는 서로 반대되거나 대립되는 의미를 가진 단어 사이의 의미 관계이다. 반의 관계는 두 단어가 여러 공통 의미 요소를 가지고 있으면서 다만 하나의 의미 요소가 다를 때 성립한다. 가령 '총각'의 반의어가 '처녀'인 것은 두 단어가 여러 공통 의미 요소를 가지고 있으면서 '성별'이라고 하는 하나의 의미 요소가 다르기 때문이다. 반의어는 반의관계의 성격에 따라 분류할 수 있다. 즉 반의어에는 '금속', '비금속'과 같이 한 영역 안에서 상호 배타적 대립관계에 있는 상보(모순) 반의어, '길다', '짧다'와 같이 두 단어 사이에 등급성이 있어서 중간 단계가 있는 등급(정도) 반의어, '형', '아우'와 '출발선', '결승선' 등과 같이 두 단어가 상대적 관계를 형성하고 있으면서 의미상 대칭을 이루고 있는 방향(대칭) 반의어가 있다.

① '앞'과 '뒤'는 등급 반의어가 아니다.
② '삶'과 '죽음'은 방향 반의어가 아니다.
③ 상보 반의어에는 '액체'와 '기체'가 있다.
④ 등급 반의어에는 '크다'와 '작다'가 있다.
⑤ 방향 반의어에는 '오른쪽'과 '왼쪽'이 있다.

18 다음 글을 통해 볼 때, ㉠의 원인에 해당하지 않는 것은?

최근 통계청이 발표한 가계수지동향을 보면 ㉠빈부 격차가 보통 심각한 문제가 아님을 알 수 있다. 2분기 도시근로자 가구 월 평균 소득은 310만 9,600원으로 전년 동기보다 4.7% 느는데 그쳐, 외환위기 이후 최저 증가율을 기록했다. 요즘 같은 장기적인 불황 속에서 소득이 많이 늘어나지 않는 것은 특별히 이상한 일도 아니다. 문제는 장기 불황이 부자들에게는 별 타격이 되지 않는 반면 저소득층에게는 크고 깊은 문제로 다가간다는 데 있다. 최상위 10% 계층 가구의 소득은 7.8%나 증가하여 넉넉히 쓰고도 흑자 가계를 기록했다. 그러나 최하위 10% 가구의 소득은 0.26% 늘어나 물가 상승률에도 미치지 못했으며 최저생계비 수준에 머물러 50만 원 정도의 가계 적자를 면치 못했다. 이들 최하위소득층은 국가 보호가 필요한 절대빈곤층으로 추락한 것으로 추정된다.

빈부 격차 심화 현상이 발생한 것은 기본적으로 장기적인 불황과 고용 사정의 악화로 인한 저임금 근로자와 영세 자영업자들의 생업 기반이 무너진 탓이다. 또한 고소득층의 소비가 주로 해외에서 이뤄지기 때문에 내수 회복이나 서민 경제에 별 도움이 되지 않는다는 지적도 있다. 넘쳐흐르는 물이 바닥을 고루 적신다고 하는 '적하(積荷)' 효과가 일어나지 않는다는 뜻이다. 개인 파산 신청 건수가 급격히 늘고 있는 사실도 결코 이와 무관하지만은 않다.

이처럼 계층 간 소득 격차가 확대되면 사회 경제적 갈등은 필연적으로 발생하기 마련이고 성장 잠재력을 훼손할 우려도 높다. 정부가 적극적으로 양극화 해소책을 서둘러 마련해야 할 까닭이 여기에 있다. 전문가들은 '남북 분단'과 '동서 분단'에 이어 '빈부 양극화 고착'이라는 제3의 분단을 경고한다. 수출과 내수 간 양극화, 산업 간 양극화, 기업 간 양극화와 함께 소득의 양극화 현상은 단기적으로 경기회복 지연 요인이 되고 장기적으로 자본과 인적 자원 축적을 저해함으로써 경제 성장 잠재력 확충에 부정적인 영향을 미쳐 선진국 진입의 장애 요인으로 작용할 것이기 때문이다.

자본주의 체제에서 모든 계층의 사람이 똑같이 많이 벌고 잘 살 수는 없는 일이다. 선진국은 우리보다 소득 격차가 더 많이 벌어져 있다. 또 어느 정도의 소득 격차는 경쟁을 유발하는 동기 기능을 하는 것도 부인할 수 없다. 그러나 지금과 같은 양극화 현상의 심화 추세를 그대로 방치한 채 자연 치유되도록 기다릴 수만은 없고, 서민 경제가 붕괴 조짐을 보이는데도 넋 놓고 있어서는 안 된다. 그동안 분배와 관련된 몇 개의 단편적인 대책이 나오기는 하였으나, 모두 일시적 처방에 불과한 것이어서 오히려 상황의 악화를 초래한 것은 매우 심각한 일이다.

분배 정책도 성장 없이는 한낱 허울에 불과하다. 과거의 실패를 거울 삼아 저소득층의 소득 향상을 통한 근본적인 빈부 격차 개선책을 제시하여 빈자에게도 희망을 불어넣어야 한다. 그렇다고 고소득자와 대기업을 욕하거나 경원해서는 안 된다. 무엇보다 기업 투자와 내수경기를 일으키는 일이 긴요하다. 그래야 일자리가 생기고 서민 소득도 늘어나게 된다. 더불어 세제를 통한 재분배 정책을 추진할 필요가 있다. 세제만큼 유효한 재분배 정책 수단도 없다. 동시에 장기적인 관점에서 각 부문의 양극화 개선을 위해 경제 체질과 구조 개선을 서둘러야 할 것이다.

① 정부의 단편적 분배 정책
② 수출과 내수 간 양극화 현상
③ 고소득층의 해외 소비 현상
④ 장기적인 불황과 고용 사정의 악화
⑤ 저임금 근로자와 영세 자영업자의 생업 기반 붕괴

19 다음 글을 논리적으로 바르게 배열한 것은?

> ㉠ 유럽에서 정당은 산업화 시기 생성된 노동과 자본 간의 갈등을 중심으로 다양한 사회 경제적 균열을 이용하여 유권자들을 조직하고 동원하였다.
> ㉡ 당의 정책과 후보를 당원 중심으로 결정하고, 당내 교육과정을 통해 정치 엘리트를 충원하며, 정치인들이 정부 내에서 강한 기율을 지니는 대중정당은 책임정당정부 이론을 뒷받침하는 대표적인 정당 모형이었다.
> ㉢ 이 과정에서 정당은 당원 중심의 운영 구조를 지향하는 대중정당의 모습을 띠었다.
> ㉣ 이 이론에 따르면 정치에 참여하는 각각의 정당은 자신의 지지 계급과 계층을 대표하고, 정부 내에서 정책 결정 및 집행 과정을 주도하며, 다음 선거에서 유권자들에게 그 결과에 대해 책임을 진다.
> ㉤ 대의 민주주의에서 정당의 역할에 대한 대표적인 설명은 책임정당정부 이론이다.

① ㉤ - ㉣ - ㉢ - ㉡ - ㉠
② ㉤ - ㉣ - ㉠ - ㉢ - ㉡
③ ㉤ - ㉠ - ㉡ - ㉢ - ㉣
④ ㉠ - ㉡ - ㉣ - ㉢ - ㉤
⑤ ㉠ - ㉢ - ㉡ - ㉤ - ㉣

20 다음을 읽고, 빈칸에 들어갈 내용으로 가장 알맞은 것을 고르시오.

비트겐슈타인이 1918년에 쓴 『논리 철학 논고』는 '빈학파'의 논리실증주의를 비롯하여 20세기 현대 철학에 큰 영향을 주었다. 그는 많은 철학적 논란들이 언어를 애매하게 사용하여 발생한다고 보았기 때문에 언어를 분석하고 비판하여 명료화하는 것을 철학의 과제로 삼았다. 그는 이 책에서 언어가 세계에 대한 그림이라는 '그림이론'을 주장한다. 이 이론을 세우는데 그에게 영감을 주었던 것은, 교통사고를 다루는 재판에서 장난감 자동차와 인형 등을 이용한 모형을 통해 사건을 설명했다는 기사였다. 그런데 모형을 가지고 사건을 설명할 수 있는 이유는 무엇일까? 그것은 모형이 실제의 자동차와 사람 등에 대응하기 때문이다. 그는 언어도 이와 같다고 보았다. 언어가 의미를 갖는 것은 언어가 세계와 대응하기 때문이다. 다시 말해 언어가 세계에 존재하는 것들을 가리키고 있기 때문이다. 언어는 명제들로 구성되어 있으며, 세계는 사태들로 구성되어 있다. 그리고 명제들과 사태들은 각각 서로 대응하고 있다. _____

① 그러므로 언어는 세계를 설명할 수 있지만, 사건은 설명할 수 없다.
② 이처럼 언어와 세계의 논리적 구조는 동일하며, 언어는 세계를 그림처럼 기술함으로써 의미를 가진다.
③ 이처럼 비트겐슈타인은 '그림 이론'을 통해 언어가 설명할 수 없는 세계에 대하여 제시했다.
④ 그러므로 철학적 논란들은 언어를 명확하게 사용함으로써 사라질 것이다.
⑤ 게다가 언어의 명제들은 세계의 사태들과 완벽하게 대응할 수 없다.

21 다음은 문제유형 A, B, C에 대한 정보이다. 문제당 풀이시간을 다 쓰면 정답이라고 간주한다. 총 제한시간이 120분일 때, 최대로 얻을 수 있는 점수는?

내용	A형 문제	B형 문제	C형 문제
문제당 배점	5점	6점	3점
문제당 풀이시간	2분	4분	1분
총 문제 수	20개	40개	10개

① 220점　　　　　　　　② 228점
③ 230점　　　　　　　　④ 233점
⑤ 235점

22 두 자리의 자연수가 있다. 십의 자리의 숫자의 2배는 일의 자리의 숫자보다 1이 크고, 십의 자리의 숫자와 일의 자리의 숫자를 바꾼 자연수는 처음 수보다 9가 크다고 한다. 이를 만족하는 자연수는?

① 11
② 23
③ 35
④ 47
⑤ 59

23 멤버십의 등록 고객 중 여성이 75%, 남성이 25%라고 한다. 여성 등록 고객 중 우수고객의 비율은 40%, 일반고객의 비율은 60%이다. 그리고 남성 등록 고객의 경우 우수고객이 30%, 일반고객이 70%이다. 등록 고객 중 한 명을 임의로 뽑았더니 우수고객이었다. 이 고객이 여성일 확률은?

① 65%
② 70%
③ 75%
④ 80%
⑤ 85%

24 지수가 어떤 지점을 왕복하는데 갈 때 속력은 6km/h, 올 때 속력은 4km/h로 하여 총 걸린 시간이 2시간 30분이었다면, 두 지점 간의 거리는 얼마인가?

① 4km
② 5km
③ 6km
④ 7km
⑤ 8km

25 아버지의 나이는 자식의 나이보다 24세 많고, 지금부터 6년 전에는 아버지의 나이가 자식의 나이의 5배였다. 아버지와 자식의 현재의 나이는 각각 얼마인가?

① 36세, 12세
② 37세, 13세
③ 39세, 15세
④ 40세, 16세
⑤ 41세, 17세

26 A, B, C, D, E 5명 중에서 3명을 순서를 고려하지 않고 뽑을 경우 방법의 수는?

① 7가지   ② 10가지

③ 15가지   ④ 20가지

⑤ 23가지

27 50원 우표와 80원 우표를 합쳐서 27장 구입했다. 80원 우표의 비용이 50원 우표의 비용의 2배일 때 각각 몇 장씩 구입하였는가?

① 50원 우표 12개, 80원 우표 15개

② 50원 우표 11개, 80원 우표 16개

③ 50원 우표 10개, 80원 우표 17개

④ 50원 우표 9개, 80원 우표 18개

⑤ 50원 우표 8개, 80원 우표 19개

28 생산라인 A만으로 먼저 32시간 가동해서 제품을 생산한 후, 다시 생산라인 B를 가동하여 두 생산라인으로 10,000개의 정상제품을 생산하였다. 생산성과 불량품 비율이 다음과 같을 때, 10,000개의 정상제품을 생산하기 위해 생산라인을 가동한 총 시간을 구하면?

㉠ 불량품 체크 전 단계의 시제품 100개를 만드는 데, 생산라인 A는 4시간이 걸리고, 생산라인 B로는 2시간이 걸린다.

㉡ 두 라인을 동시에 가동하면 시간당 정상제품 생산량이 각각 20%씩 상승한다.

㉢ 생산라인 A의 불량률은 20%이고, B의 불량률은 10%이다.

---

① 132시간   ② 142시간

③ 152시간   ④ 162시간

⑤ 172시간

29 두 기업 A, B의 작년 상반기 매출액의 합계는 91억 원이었다. 올해 상반기 두 기업 A, B의 매출액은 작년 상반기에 비해 각각 10%, 20% 증가하였고, 두 기업 A, B의 매출액 증가량의 비가 2 : 3이라고 할 때, 올해 상반기 두 기업 서원각, 소정의 매출액의 합계는?

① 96억 원   ② 100억 원

③ 104억 원   ④ 108억 원

⑤ 112억 원

▌30~32▐ 다음은 연도별 최저임금 현황을 나타낸 표이다. 물음에 답하시오.

(단위 : 원, %, 천 명)

구분	2015년	2016년	2017년	2018년	2019년	2020년	2021년
시간급 최저임금	3,770	4,000	4,110	4,320	4,580	4,860	5,210
전년대비 인상률(%)	8.30	6.10	2.75	5.10	6.00	6.10	7.20
영향률(%)	13.8	13.1	15.9	14.2	13.7	14.7	x
적용대상 근로자수	15,351	15,882	16,103	16,479	17,048	17,510	17,734
수혜 근로자수	2,124	2,085	2,566	2,336	2,343	y	2,565

* 영향률 = 수혜 근로자수 / 적용대상 근로자수 × 100

30 2021년 영향률은 몇 %인가?

① 14.1%   ② 14.3%

③ 14.5%   ④ 14.7%

⑤ 14.9%

31 2020년 수혜 근로자수는 몇 명인가?

① 약 255만 3천 명

② 약 256만 5천 명

③ 약 257만 4천 명

④ 약 258만 2천 명

⑤ 약 260만 2천 명

32 표에 대한 설명으로 옳지 않은 것은?

① 시간급 최저임금은 매해 조금씩 증가하고 있다.

② 전년대비 인상률은 2017년까지 감소하다가 이후 증가하고 있다.

③ 영향률은 불규칙적인 증감의 추세를 보이고 있다.

④ 2022년의 전년대비 인상률이 2021년과 같을 경우 2022년 시간급 최저임금은 약 5,380원이다.

⑤ 2018년 이후 전년대비 인상률은 꾸준히 증가하였다.

33 다음은 X공기업의 팀별 성과급 지급 기준이다. Y팀의 성과평가 결과가 〈보기〉와 같다면 3/4 분기에 지급되는 성과급은?

- 성과급 지급은 성과평가 결과와 연계함
- 성과평가는 유용성, 안전성, 서비스 만족도의 총합으로 평가함. 단, 유용성, 안전성, 서비스 만족도의 가중치를 각각 0.4, 0.4, 0.2로 부여함
- 성과평가 결과를 활용한 성과급 지급 기준

성과평가 점수	성과평가 등급	분기별 성과급 지급액	비고
9.0 이상	A	100만 원	성과평가 등급이 A이면 직전 분기 차감액의 50%를 가산하여 지급
8.0 이상 9.0 미만	B	90만 원(10만 원 차감)	
7.0 이상 8.0 미만	C	80만 원(20만 원 차감)	
7.0 미만	D	40만 원(60만 원 차감)	

〈보기〉				
구분	1/4 분기	2/4 분기	3/4 분기	4/4 분기
유용성	8	8	10	8
안전성	8	6	8	8
서비스 만족도	6	8	10	8

① 130만 원　　　　② 120만 원
③ 110만 원　　　　④ 100만 원
⑤ 90만 원

34 새로운 철로건설 계획에 따라 A, B, C의 세 가지 노선이 제시되었다. 철로 완공 후 연간 평균 기차 통행량은 2만 대로 추산될 때, 건설비용과 사회적 손실비용이 가장 큰 철로를 바르게 짝지은 것은?

- 각 노선의 총 길이는 터널구간 길이와 교량구간 길이 그리고 일반구간 길이로 구성된다.
- 건설비용은 터널구간, 교량구간, 일반구간 각각 1km당 1,000억 원, 200억 원, 100억 원이 소요된다.
- 운행에 따른 사회적 손실비용은 기차 한 대가 10km를 운행할 경우 1,000원이다.
- 다음 표는 각 노선의 구성을 보여 주고 있다.

노선	터널구간 길이	교량구간 길이	총 길이
A	1.2km	0.5km	10km
B	0	0	20km
C	0.8km	1.5km	15km

	건설비용이 가장 큰 철로	사회적 손실비용이 가장 큰 철로
①	A	B
②	B	C
③	C	A
④	A	C
⑤	C	B

| 35~36 | 다음에 제시된 투자 조건을 보고 물음에 답하시오.

투자안	판매단가(원/개)	고정비(원)	변동비(원/개)
A	2	20,000	1.5
B	2	60,000	1.0

1) 매출액 = 판매단가 × 매출량(개)
2) 매출원가 = 고정비 + (변동비 × 매출량(개))
3) 매출이익 = 매출액 − 매출원가

35 위의 투자안 A와 B의 투자 조건을 보고 매출량과 매출이익을 해석한 것으로 옳은 것은?

① 매출량 증가폭 대비 매출이익의 증가폭은 투자안 A가 투자안 B보다 항상 작다.

② 매출량 증가폭 대비 매출이익의 증가폭은 투자안 A가 투자안 B보다 항상 크다.

③ 매출량 증가폭 대비 매출이익의 증가폭은 투자안 A와 투자안 B가 항상 같다.

④ 매출이익이 0이 되는 매출량은 투자안 A가 투자안 B보다 많다.

⑤ 매출이익이 0이 되는 매출량은 투자안 A가 투자안 B가 같다.

36 매출량이 60,000개라고 할 때, 투자안 A와 투자안 B를 비교한 매출이익은 어떻게 되겠는가?

① 투자안 A가 투자안 B보다 같다.

② 투자안 A가 투자안 B보다 작다.

③ 투자안 A가 투자안 B보다 크다.

④ 제시된 내용만으로 비교할 수 없다.

⑤ 투자안 A가 투자안 B보다 5,000원 크다.

37 다음은 어떤 지역의 연령층·지지 정당별 사형제 찬반에 대한 설문조사 결과이다. 이에 대한 설명 중 옳은 것을 고르면?

(단위 : 명)

연령층	지지정당	사형제에 대한 태도	빈도
청년층	A	찬성	90
		반대	10
	B	찬성	60
		반대	40
장년층	A	찬성	60
		반대	10
	B	찬성	15
		반대	15

> ㉠ 청년층은 장년층보다 사형제에 반대하는 사람의 수가 적다.
> ㉡ B당 지지자의 경우, 청년층은 장년층보다 사형제 반대 비율이 높다.
> ㉢ A당 지지자의 사형제 찬성 비율은 B당 지지자의 사형제 찬성 비율보다 높다.
> ㉣ 사형제 찬성 비율의 지지 정당별 차이는 청년층보다 장년층에서 더 크다.

① ㉠㉡ ② ㉠㉣
③ ㉡㉢ ④ ㉡㉣
⑤ ㉢㉣

38 빨간색, 파란색, 노란색 구슬이 각각 한 개씩 있다. 이 세 개의 구슬을 A, B, C 세 사람에게 하나씩 나누어 주고, 세 사람 중 한 사람만 진실을 말하도록 하였더니 구슬을 받고 난 세 사람이 다음과 같이 말하였다.

> A : 나는 파란색 구슬을 가지고 있다.
> B : 나는 파란색 구슬을 가지고 있지 않다.
> C : 나는 노란색 구슬을 가지고 있지 않다.

빨간색, 파란색, 노란색의 구슬을 받은 사람을 차례대로 나열한 것은?

① A, B, C   ② A, C, B

③ B, A, C   ④ C, B, A

⑤ C, A, B

39 A, B, C, D, E가 서로 거주하고 있는 집에 한 번씩 방문하려고 할 때, 세 번째로 방문하는 집은 누구의 집인가?

> • A ~ E는 각각의 집에 함께 방문하며, 동시에 여러 집을 방문할 수 없다.
> • A의 집을 방문한 후에 B의 집을 방문하나, 바로 이어서 방문하는 것은 아니다.
> • D의 집을 방문한 후에 바로 C의 집을 방문한다.
> • E의 집을 A의 집보다 먼저 방문한다.

① A   ② B

③ C   ④ D

⑤ E

40 오 부장, 최 차장, 박 과장, 남 대리, 조 사원, 양 사원 6명은 주간회의를 진행하고 있다. 둥근 테이블에 둘러 앉아 회의를 하는 사람들의 위치가 다음과 같을 때, 조 사원의 양 옆에 위치한 사람으로 짝지어진 것은?

- 최 차장과 남 대리는 마주보고 앉았다.
- 박 과장은 오 부장의 옆에 앉았다.
- 오 부장은 회의의 진행을 맡기로 하였다.
- 남 대리는 양 사원이 앉은 기준으로 오른쪽에 앉았다.

---

① 양 사원, 최 차장

② 양 사원, 남 대리

③ 박 과장, 최 차장

④ 오 부장, 양 사원

⑤ 남 대리, 오 부장

〈SWOT 분석방법〉

구분		내부환경요인	
		강점 (Strengths)	약점 (Weaknesses)
외부 환경요인	기회 (Opportunities)	SO 내부강점과 외부기회 요인을 극대화	WO 외부기회를 이용하여 내부약점을 강점으로 전환
	위협 (Threats)	ST 강점을 이용한 외부환경 위협의 대응 및 전략	WT 내부약점과 외부위협을 최소화

〈사례〉

S	편의점 운영 노하우 및 경험 보유, 핵심 제품 유통채널 차별화로 인해 가격 경쟁력 있는 제품 판매 가능
W	아르바이트 직원 확보 어려움, 야간 및 휴일 등 시간에 타 지역 대비 지역주민 이동이 적어 매출 증가 어려움
O	주변에 편의점 개수가 적어 기본 고객 확보 가능, 매장 앞 휴게 공간 확보로 소비 유발 효과 기대
T	지역주민의 생활패턴에 따른 편의점 이용률 저조, 근거리에 대형 마트 입점 예정으로 매출 급감 우려 존재

41 다음 중 위의 SWOT 분석방법을 올바르게 설명하지 못한 것은?

① 외부환경요인 분석 시에는 자신을 제외한 모든 것에 대한 요인을 기술하여야 한다.

② 구체적인 요인부터 시작하여 점차 객관적이고 상식적인 내용으로 기술한다.

③ 같은 데이터도 자신에게 미치는 영향에 따라 기회요인과 위협요인으로 나뉠 수 있다.

④ 외부환경요인 분석에는 SCEPTIC 체크리스트가, 내부환경요인 분석에는 MMMITI 체크리스트가 활용될 수 있다.

⑤ 내부환경 요인은 경쟁자와 비교한 나의 강점과 약점을 분석하는 것이다.

42 다음 중 위의 SWOT 분석 사례에 따른 전략으로 적절하지 않은 것은?

① 가족들이 남는 시간을 투자하여 인력 수급 및 인건비 절감을 도모하는 것은 WT 전략으로 볼 수 있다.

② 저렴한 제품을 공급하여 대형 마트 등과의 경쟁을 극복하고자 하는 것은 SW 전략으로 볼 수 있다.

③ 다년간의 경험을 활용하여 지역 내 편의점 이용 환경을 더욱 극대화시킬 수 있는 방안을 연구하는 것은 SO 전략으로 볼 수 있다.

④ 매장 앞 공간을 쉼터로 활용해 지역 주민 이동 시 소비를 유발하도록 하는 것은 WO 전략으로 볼 수 있다.

⑤ 고객 유치 노하우를 바탕으로 사은품 등 적극적인 홍보활동을 통해 편의점 이용에 대한 필요성을 부각시키는 것은 ST 전략으로 볼 수 있다.

43 갑, 을, 병, 정, 무 다섯 사람은 일요일부터 목요일까지 5일 동안 각각 이틀 이상 아르바이트를 한다. 다음 조건을 모두 충족시켜야 할 때, 다음 중 항상 옳지 않은 것은?

> ㉠ 가장 적은 수가 아르바이트를 하는 요일은 수요일뿐이다.
> ㉡ 갑은 3일 이상 아르바이트를 하는데 병이 아르바이트를 하는 날에는 쉰다.
> ㉢ 을과 정 두 사람만이 아르바이트 일수가 같다.
> ㉣ 병은 평일에만 아르바이트를 하며, 연속으로 이틀 동안만 한다.
> ㉤ 무는 항상 갑이나 병과 같은 요일에 함께 아르바이트를 한다.

① 어느 요일이든 아르바이트 인원수는 확정된다.

② 갑과 을, 병과 정의 아르바이트 일수를 합한 값은 같다.

③ 두 사람만이 아르바이트를 하는 요일이 확정된다.

④ 어떤 요일이든 아르바이트를 하는 인원수는 짝수이다.

⑤ 일요일에 아르바이트를 하는 사람은 항상 같다.

44 다음 글에서 추론할 수 있는 내용만을 바르게 나열한 것은?

> 빌케와 블랙은 얼음이 녹는점에 있다 해도 이를 완전히 물로 녹이려면 상당히 많은 열이 필요함을 발견하였다. 당시 널리 퍼진 속설은 얼음이 녹는점에 이르면 즉시 녹는다는 것이었다. 빌케는 쌓여있는 눈에 뜨거운 물을 끼얹어 녹이는 과정에서 이 속설에 오류가 있음을 알게 되었다. 눈이 녹는점에 있음에도 불구하고 많은 양의 뜨거운 물은 눈을 조금밖에 녹이지 못했기 때문이다.
>
> 블랙은 1757년에 이 속설의 오류를 설명할 수 있는 실험을 수행하였다. 블랙은 따뜻한 방에 두 개의 플라스크 A와 B를 두었는데, A에는 얼음이, B에는 물이 담겨 있었다. 얼음과 물은 양이 같고 모두 같은 온도, 즉 얼음의 녹는점에 있었다. 시간이 지남에 따라 B에 있는 물의 온도는 계속해서 올라갔다. 하지만 A에서는 얼음이 녹으면서 생긴 물과 녹고 있는 얼음의 온도가 녹는점에서 일정하게 유지되었는데 이 상태는 얼음이 완전히 녹을 때까지 지속되었다. 얼음을 녹이는 데 필요한 열량은 같은 양의 물의 온도를 녹는점에서 화씨 140도까지 올릴 수 있는 정도의 열량과 같았다. 블랙은 이 열이 실제로 온도계에 변화를 주지 않기 때문에 이를 '잠열(潛熱)'이라 불렀다.

> ㉠ A의 온도계로는 잠열을 직접 측정할 수 없었다.
> ㉡ 얼음이 녹는점에 이르러도 완전히 녹지 않는 것은 잠열 때문이다.
> ㉢ A의 얼음이 완전히 물로 바뀔 때까지, A의 얼음물 온도는 일정하게 유지된다.

① ㉠　　　　　　　　　　　　② ㉡
③ ㉠㉢　　　　　　　　　　　④ ㉡㉢
⑤ ㉠㉡㉢

45 다음 조건이 참이라고 할 때 항상 참인 것을 고르면?

> • 민수는 A기업에 다닌다.
> • 영어를 잘하면 업무 능력이 뛰어난 것이다.
> • 영어를 잘하지 못하면 A기업에 다닐 수 없다.
> • A기업은 우리나라 대표 기업이다.

① 민수는 업무 능력이 뛰어나다.
② A기업에 다니는 사람들은 업무 능력이 뛰어나지 못하다.
③ 민수는 영어를 잘하지 못한다.
④ 민수는 수학을 매우 잘한다.
⑤ 업무 능력이 뛰어난 사람은 A기업에 다니는 사람이 아니다.

46 다음은 신용 상태가 좋지 않은 일반인들을 상대로 운용되고 있는 국민행복기금의 일종인 '바꿔드림론'의 지원대상자에 관한 내용이다. 다음 내용을 참고할 때, 바꿔드림론의 대상이 되지 않는 사람은 누구인가? (단, 보기에서 언급되지 않은 사항은 자격요건을 충족하는 것으로 가정한다)

구분		자격요건	비고
신용등급		6 ~ 10등급	연소득 3.5천만 원 이하인 분 또는 특수채무자는 신용등급 제한 없음
연소득	급여소득자 등	4천만 원 이하	부양가족 2인 이상인 경우에는 5천만 원 이하
	자영업자	4.5천만 원 이하	사업자등록 된 자영업자
지원대상 고금리 채무 (연 20% 이상 금융채무)	채무총액 1천만 원↑	6개월 이상 정상상환	보증채무, 담보대출, 할부금융, 신용카드 사용액(신용구매, 현금서비스, 리볼빙 등)은 제외
	채무총액 1천만 원↓	3개월 이상 정상상환	*상환기간은 신용보증신청일 기준으로 산정됩니다.

※ 제외대상
 • 연 20% 이상 금융채무 총액이 3천만 원을 초과하는 분
 • 소득에 비해 채무액이 과다한 분(연소득 대비 채무상환액 비율이 40%를 초과하는 분)
 • 현재 연체중이거나 과거 연체기록 보유자, 금융채무 불이행 자 등

① 법정 최고 이자를 내고 있으며 금융채무액이 2.5천만 원인 A씨
② 2명의 자녀와 아내를 부양가족으로 두고 연 근로소득이 4.3천만 원인 B씨
③ 신용등급이 4등급으로 연체 이력이 없는 C씨
④ 저축은행으로부터 받은 신용대출금에 대해 연 18%의 이자를 내며 8개월 째 매달 원리금을 상환하고 있는 D씨
⑤ 연 급여소득 3.8천만 원이며 채무액이 1천만 원인 E씨

다음은 N지역의 도시 열 요금표이다. 이를 보고 이어지는 물음에 답하시오.

구분	계약종별	용도	기본요금	사용요금	
온수	주택용	난방용	계약면적 m²당 52.40원	단일요금 : Mcal당 64.35원 계절별 차등요금 • 춘추절기 : Mcal당 63.05원 • 하절기 : Mcal당 56.74원 • 동절기 : Mcal당 66.23원	
		냉방용		5~9월	Mcal당 25.11원
				1~4월 10~12월	난방용 사용요금 적용
	업무용	난방용	계약용량 Mcal/h당 396.79원	단일요금 : Mcal당 64.35원 계절별 차등요금 • 수요관리 시간대 : Mcal당 96.10원 • 수요관리 이외의 시간대 : Mcal당 79.38원	
		냉방용		5~9월	• 1단 냉동기 Mcal당 34.20원 • 2단 냉동기 Mcal당 25.11원
				1~4월 10~12월	난방용 사용요금 적용
냉수	냉방용		계약용량 Mcal/h당 • 0부터 1,000Mcal/h까지 3,822원 • 다음 2,000Mcal/h까지 2,124원 • 다음 3,000Mcal/h까지 1,754원 • 3,000Mcal/h 초과 1,550원	Mcal당 • 첨두부하시간 : 135.41원 • 중간부하시간 : 104.16원 • 경부하시간 : 62.49원	

*계약면적 산정

건축물관리대장 등 공부상의 세대별 전용면적의 합계와 세대별 발코니 확장면적의 합계 및 공용면적 중 해당 지역의 난방열을 사용하는 관리사무소, 노인정, 경비실 등의 건축연면적 합계로 함.

*춘추절기 : 3 ~ 5월, 9 ~ 11월, 하절기 : 6 ~ 8월, 동절기 : 12 ~ 익년 2월

*수요관리 시간대 : 07 : 00 ~ 10 : 00

*냉수의 부하시간대 구분

• 첨두부하시간 : 7월 1일부터 8월 31일까지의 오후 2시 정각부터 오후 4시 정각까지

• 중간부하시간 : 7월 1일부터 8월 31일까지의 오후 2시 정각부터 오후 4시 정각 이외의 시간

• 경부하시간 : 7월 1일부터 8월 31일까지를 제외한 1월 1일부터 12월 31일까지의 시간
*기본요금 : 감가상각비, 수선유지비 등 고정적으로 발생하는 경비를 사용량에 관계없이 (계약면적 또는 계약 용량에 따라) 매월정액을 부과하는 것
*사용요금 : 각 세대별 사용 난방 및 온수 사용량을 난방(온수) 계량기를 검침하여 부과하는 금액
*공동난방비 : 관리사무소, 노인정, 경비실 등 공동열사용량을 세대별 실사용량 비례 배분 등으로 각 세대에 배분(아파트 자체 결정사항) 합니다.

47 다음 중 위의 열 요금표를 올바르게 이해하지 못한 것은?

① 주택별 난방 사용요금은 계절마다 적용 단위요금이 다르다.
② 업무 난방 기본요금은 계약용량을 기준으로 책정된다.
③ 냉수의 냉방용 기본요금은 1,000Mcal/h 마다 책정 요금이 다르다.
④ 관리사무소, 노인정, 경비실 등의 열사용량은 세대별로 배분하여 청구한다.
⑤ 냉수의 부하시간대는 춘추절기, 동절기, 하절기로 구분되어 차등 요금을 적용한다.

48 다음에 제시된 A씨와 B씨에게 적용되는 월별 열 요금의 합은 얼마인가? (단, 공동난방비는 고려하지 않 는다.)

〈계약면적 100m²인 A씨〉
−12월 주택용 난방 계량기 사용량 500Mcal

〈계약용량 900Mcal/h인 B씨〉
−7월 : 냉수를 이용한 냉방 계량기 사용량 오후 3시 ~ 4시 200Mcal, 오후 7 ~ 8시 200Mcal

① 90,091원   ② 90,000원
③ 89,850원   ④ 89,342원
⑤ 89,107원

|49~50 | 다음은 ○○협회에서 주관한 학술세미나 일정에 관한 것으로 다음 세미나를 준비하는 데 필요한 일, 각각의 일에 걸리는 시간, 일의 순서 관계를 나타낸 표이다. 제시된 표를 바탕으로 물음에 답하시오. (단, 모든 작업은 동시에 진행할 수 없다)

세미나 준비 현황

구분	작업	작업시간(일)	먼저 행해져야 할 작업
가	세미나 장소 세팅	1	바
나	현수막 제작	2	다, 마
다	세미나 발표자 선정	1	라
라	세미나 기본계획 수립	2	없음
마	세미나 장소 선정	3	라
바	초청자 확인	2	라

49 현수막 제작을 시작하기 위해서는 최소 며칠이 필요하겠는가?

① 3일
② 4일
③ 5일
④ 6일
⑤ 7일

50 세미나 기본계획 수립에서 세미나 장소 세팅까지 모든 작업을 마치는 데 필요한 시간은?

① 10일
② 11일
③ 12일
④ 13일
⑤ 14일

1 밑줄 친 부분 중 성격이 다른 것은?

① 아이가 무사히 돌아오기까지 엄마는 <u>간을 졸이고</u> 있었다.

② 내가 술래니까 <u>눈을 가리고</u> 열까지 센 다음에 우리를 찾아.

③ 의자가 자꾸 삐걱거리는데 목수를 불러 <u>손을 봐야겠어요</u>.

④ 그는 옳다고 생각하면 그 일에 <u>발 벗고 나설</u> 것이다.

⑤ 그 친구는 <u>귀가 얇아</u> 뭐든지 다 사들인다.

2 밑줄 친 부분의 표기가 바르지 않은 것은?

① 민정이는 살이 쪄서 얼굴이 <u>두루뭉술하다</u>.

② 그는 자신에게 불이익이 있을까 싶어 몸을 <u>사르는</u> 중이었다.

③ 가을이 <u>시나브로</u> 사라지고 어느덧 겨울이 왔다.

④ 엄마는 아이의 등을 조심스레 <u>쓰다듬었다</u>.

⑤ 어서서어 움직여, <u>늑장</u> 부릴 시간이 없어.

3 다음 문장의 문맥상 (　) 안에 들어갈 단어로 가장 적절한 것은?

> 　중앙은행이 정책 금리를 결정할 때 우선적으로 고려하는 것은 물가 상승률과 경제 성장률이다. 물가 상승률이 높다 판단되면 금리를 올리고, 경기가 부진하다 싶으면 금리를 내리는데, 결정된 금리는 다시 시장에 영향을 미친다. 금리를 올려서 물가 안정을 도모한다든지, 금리를 내려서 경기 활성화를 (　　　)하는 것은 모두 정책 금리를 통해서 경제 전반에 영향을 미치고자 하는 중앙은행의 의도를 보여 주는 것이다.

① 외면　　　　　　　　　　　　　　② 억압

③ 유도　　　　　　　　　　　　　　④ 침범

⑤ 처단

4 다음 밑줄 친 '에'와 그 쓰임이 가장 유사한 것은?

> 사람들은 상호의존적인 성격을 가지고 있어 어떤 사람의 소비가 다른 사람의 소비에 영향을 받는 경우를 종종 볼 수 있다. 예를 들어 친구들이 어떤 게임기를 사자 자신도 그 게임기를 사겠다고 결심하는 경우가 그것이다. 이와 같이 어떤 사람의 소비가 다른 사람의 소비에 의해 영향을 받을 때 '네트워크 효과'가 있다고 말한다. 그 상품을 쓰는 사람들이 일종의 네트워크를 형성해 다른 사람의 소비에 영향을 준다는 뜻에서 이런 이름이 붙었다. 이 네트워크 효과의 대표적인 것으로 '유행효과'와 '속물효과'가 있다.
>
> 　어떤 사람들이 특정 옷을 입으면 마치 유행처럼 주변 사람들도 이 옷을 따라 입는 경우가 있다. 이처럼 다른 사람의 영향을 받아 상품을 사는 것을 '유행효과'라고 부른다. 유행효과는 일반적으로 특정 상품에 대한 수요가 예측보다 더 늘어나는 현상을 설명해 준다. 예를 들어 옷의 가격이 4만 원일 때 5천 벌의 수요가 있고, 3만 원일 때 6천 벌의 수요가 있다고 하자. 그런데 유행효과가 있으면 늘어난 소비자의 수에 영향을 받아 새로운 소비가 창출되게 된다. 그래서 가격이 3만 원으로 떨어지면 수요가 6천 벌이 되어야 하지만 실제로는 8천 벌로 늘어나게 된다.

① 바람에 꽃이 졌다.

② 옷에 먼지가 묻었다.

③ 이 보약은 몸에 좋다.

④ 내 동생은 방금 학교에 갔다.

⑤ 순이는 아침에 공부하러 도서관으로 갔다.

5 다음 중 밑줄 친 단어의 맞춤법이 옳은 것은?

① 그의 무례한 행동은 저절로 <u>눈쌀</u>을 찌푸리게 했다.
② 손님은 종업원에게 당장 주인을 불러오라고 <u>닥달하였다</u>.
③ 멸치와 고추를 간장에 <u>졸였다</u>.
④ 찌개가 잠깐 사이에 바짝 <u>조랐다</u>.
⑤ 걱정으로 밤새 마음을 <u>졸였다</u>.

6 밑줄 친 부분이 어법에 맞게 표기된 것은?

① 박 사장은 자기 돈이 어떻게 <u>쓰여지는 지</u>도 몰랐다.
② 그녀는 조금만 <u>추어올리면</u> 기고만장해진다.
③ <u>나룻터</u>는 이미 사람들로 가득 차 있었다.
④ 우리들은 <u>서슴치</u> 않고 차에 올랐다.
⑤ 구렁이가 <u>또아리</u>를 틀고 있다.

7 다음 문장 또는 글의 빈칸에 어울리지 않는 단어를 고르시오.

• 선약이 있어서 모임에 (   )이(가) 어렵게 되었다.
• 홍보가 부족했는지 사람들의 (   )이(가) 너무 적었다.
• 그 대회에는 (   )하는 데에 의의를 두자.
• 손을 뗀다고 했으면 (   )을(를) 마라.
• 대중의 (   )가 배제된 대중문화는 의미가 없다.

① 참여   ② 참석
③ 참가   ④ 참견
⑤ 참관

8 다음은 정보공개제도에 대하여 설명하고 있는 글이다. 이 글의 내용을 제대로 이해하지 못한 것은?

☞ **정보공개란?**

「정보공개제도」란 공공기관이 직무상 작성 또는 취득하여 관리하고 있는 정보를 수요자인 국민의 청구에 의하여 열람·사본·복제 등의 형태로 청구인에게 공개하거나 공공기관이 자발적으로 또는 법령 등의 규정에 의하여 의무적으로 보유하고 있는 정보를 배포 또는 공표 등의 형태로 제공하는 제도를 말한다. 전자를 「청구공개」라 한다면, 후자는 「정보제공」이라 할 수 있다.

☞ **정보공개 청구권자**

대한민국 모든 국민, 외국인(법인, 단체 포함)

– 국내에 일정한 주소를 두고 거주하는 자, 국내에 사무소를 두고 있는 법인 또는 단체

– 학술·연구를 위하여 일시적으로 체류하는 자

☞ **공개 대상 정보**

공공기관이 직무상 또는 취득하여 관리하고 있는 문서(전자문서를 포함), 도면, 사진, 필름, 테이프, 슬라이드 및 그 밖에 이에 준하는 매체 등에 기록된 사항

☞ **공개 대상 정보에 해당되지 않는 예**(행정안전부 유권해석)

– 업무 참고자료로 활용하기 위해 비공식적으로 수집한 통계자료

– 결재 또는 공람절차 완료 등 공식적 형식 요건 결여한 정보

– 관보, 신문, 잡지 등 불특정 다수인에게 판매 및 홍보를 목적으로 발간된 정보

– 합법적으로 폐기된 정보

– 보유·관리하는 정보만이 대상이므로 공공기관은 정보를 새로 작성(생성)하거나 취득하여 공개할 의무는 없음

☞ **비공개 정보**(공공기관의 정보공개에 관한 법률 제9조)

– 법령에 의해 비밀·비공개로 규정된 정보

– 국가안보·국방·통일·외교관계 등에 관한 사항으로 공개될 경우 국가의 중대한 이익을 해할 우려가 있다고 인정되는 정보

– 공개될 경우 국민의 생명·신체 및 재산의 보호에 현저한 지장을 초래할 우려가 있다고 인정되는 정보

– 진행 중인 재판에 관련된 정보와 범죄의 예방, 수사, 공소의 제기 등에 관한 사항으로서 공개될 경우 그 직무수행을 현저히 곤란하게 하거나 피고인의 공정한 재판을 받을 권리를 침해한다고 인정되는 정보

– 감사·감독·검사·시험·규제·입찰계약·기술개발·인사관리·의사결정과정 또는 내부검토과정에 있는 사항 등으로서 공개될 경우 업무의 공정한 수행이나 연구·개발에 현저한 지장을 초래한다고 인정되는 정보

– 당해 정보에 포함되어 있는 이름·주민등록번호 등 개인에 관한 사항으로서 공개될 경우 개인의 사생활의 비밀·자유를 침해할 수 있는 정보

– 법인·단체 또는 개인(이하 "법인 등"이라 한다)의 경영·영업상 비밀에 관한 사항으로서 공개될 경우 법인 등의 정당한 이익을 현저히 해할 우려가 있다고 인정되는 정보

– 공개될 경우 부동산 투기·매점매석 등으로 특정인에게 이익 또는 불이익을 줄 우려가 있다고 인정되는 정보

① 공공기관은 국민이 원하는 정보를 요청자의 요구에 맞추어 작성, 배포해 주어야 한다.

② 공공기관의 정보는 반드시 국민의 요구가 있어야만 공개하는 것은 아니다.

③ 공공의 이익에 저해가 된다고 판단되는 정보는 공개하지 않을 수 있다.

④ 공식 요건을 갖추지 않은 미완의 정보는 공개하지 않을 수 있다.

⑤ 관광차 한국에 잠시 머물러 있는 외국인은 정보 공개 요청의 권한이 없다.

9 다음 글의 이후에 이어질 만한 내용으로 가장 거리가 먼 것은?

> 철도교통의 핵심 기능인 정거장의 위치 및 역간 거리는 노선, 열차평균속도, 수요, 운송수입 등에 가장 큰 영향을 미치는 요소로 고속화, 기존선 개량 및 신선 건설시 주요 논의의 대상이 되고 있으며, 과다한 정차역은 사업비를 증가시켜 철도투자를 저해하는 주요 요인으로 작용하고 있다.
>
> 한편, 우리나라의 평균 역간거리는 고속철도 46km, 일반철도 6.7km, 광역철도 2.1km로 이는 외국에 비해 59 ~ 84% 짧은 수준이다. 경부고속철도의 경우 천안·아산역 ~ 오송역이 28.7km, 신경주역 ~ 울산역이 29.6km 떨어져 있는 등 1990년 기본계획 수립 이후 오송, 김천·구미, 신경주, 울산역 등 다수의 역 신설로 인해 운행 속도가 저하되어 표정속도가 선진의 78% 수준이며, 경부선을 제외한 일반철도의 경우에도 표정속도가 45 ~ 60km/h 수준으로 운행함에 따라 타 교통수단 대비 속도경쟁력이 저하된 실정이다. 또한, 추가역 신설에 따른 역간 거리 단축으로 인해 건설비 및 운영비의 대폭 증가도 불가피한 바, 경부고속철도의 경우 오송역 등 4개 역 신설로 인한 추가 건설비는 약 5,000억 원에 달한다. 운행시간도 당초 서울 ~ 부산 간 1시간 56분에서 2시간 18분으로 22분 지연되었으며, 역 추가 신설에 따른 선로분기기, 전환기, 신호기 등 시설물이 추가로 설치됨에 따라 유지보수비 증가 등 과잉 시설의 한 요인으로 작용했다. 이러한 역간 거리와 관련하여 도시철도의 경우 도시철도건설규칙에서 정거장 간 거리를 1km 이상으로 규정함으로써 표준 역간거리를 제시하고 있으나, 고속철도, 일반철도 및 광역철도의 정거장 위치와 역간 거리는 교통수요, 정거장 접근거리, 운행속도, 여객 및 화물열차 운행방법, 정거장 건설 및 운영비용, 선로용량 등 단일 차량과 단일 정차패턴이 기본인 도시철도에 비해 복잡한 변수를 내포함으로써 표준안을 제시하기가 용이하지 않았으며 관련 연구가 매우 부족한 상황이다.

① 외국인 노선별 역간 거리 비교

② 역간 거리가 철도 운행 사업자에게 미치는 영향 분석

③ 역간 거리 연장을 어렵게 하는 사회적인 요인 파악

④ 신설 노선 적정 역간 거리 유지 시 기대효과 및 사회적 비용 절감 요소 분석

⑤ 역세권 개발과 부동산 시장과의 상호 보완요인 파악

10 다음 글의 문맥으로 보아 밑줄 친 단어의 쓰임이 올바른 것은?

우리나라의 저임금근로자가 소규모사업체 또는 자영업자에게 많이 고용되어 있기 때문에 최저임금의 급하고 과도한 인상은 많은 자영업자의 추가적인 인건비 인상을 ⊙표출할 것이다. 이것은 최저임금위원회의 심의 과정에서 지속적으로 논의된 사안이며 ⓒ급박한 최저임금 인상에 대한 가장 강력한 반대 논리이기도 하다. 아마도 정부가 최저임금 결정 직후에 매우 포괄적인 자영업 지원 대책을 발표한 이유도 이것 때문으로 보인다. 정부의 대책에는 기존의 자영업 지원대책을 비롯하여 1차 분배를 개선하기 위한 장·단기적인 대책과 단기적 충격 완화를 위한 현금지원까지 포함되어 있다. 현금지원의 1차적인 목적은 자영업자 보호이지만 최저임금제도가 근로자 보호를 위한 제도이기 때문에 궁극적인 목적은 근로자의 고용 안정 도모이다. 현금지원에 고용안정자금이라는 꼬리표가 달린 이유도 이 때문일 것이다.

정부의 현금지원 발표 이후 이에 대한 비판이 쏟아졌다. 비판의 요지는 자영업자에게 최저임금 인상으로 인한 추가적인 인건비 부담을 현금으로 지원할거면 최저임금을 덜 올리고 현금지원 예산으로 근로 장려세제를 ⓒ축소하면 되지 않느냐는 것이다. 그러나 이는 두 정책의 대상을 ②혼동하기 때문에 제기되는 주장이라고 판단된다. 최저임금은 1차 분배 단계에서 임금근로자를 보호하기 위한 제도적 틀이고 근로 장려세제는 취업의 의지가 낮은 노동자의 노동시장 참여를 ⑩유보하기 위해 고안된 사회부조(2차 분배)라는 점을 기억해야 할 것이다. 물론 현실적으로 두 정책의 적절한 조합이 필요할 것이다.

① ㉠

② ㉡

③ ㉢

④ ㉣

⑤ ㉤

11 다음 중 글의 내용과 일치하지 않는 것은?

비트코인(Bitcoin)과 블록체인(Blockchain)은 요즘 TV나 미디어뿐만 아니라 일반인 사이에서도 한창 화제가 되고 있다. 비트코인이 이처럼 인기를 끄는 가장 큰 이유는 지난해 한 해 동안 2,000% 가까이 오른 가격에 있다. 덕분에 비트코인의 기반인 블록체인 기술의 인기도 함께 올라갔다. 다만 블록체인은 장기적인 관점에서 투자해야 할 기술이다.

블록체인 기술은 큰 파급 효과를 일으킬 잠재력을 지녔다. 2017년 초 하버드 비즈니스 리뷰는 블록체인이 "경제 및 사회 시스템을 위한 새로운 토대를 창출할 잠재력을 지녔다"고 평가했다. 세계경제포럼이 2017년 1월 발행한 보고서는 2025년에는 전 세계 GDP의 10%가 블록체인 또는 블록체인 관련 기술에 저장될 것으로 전망했다. 10년 내에 GDP 10%를 차지할 것으로 예상되는 이 기술에 대해 아직 잘 모른다면 당장 공부를 시작할 것을 권한다.

블록체인은 암호화되어 보호되는 디지털 로그 파일이며 온라인 거래를 안전하게 보호하는 역할을 한다. 1991년에 처음 개념화된 분산 퍼블릭 블록체인을 최초로 실용화한 애플리케이션이 바로 비트코인이다. 블록은 거래를 기록한 디지털 기록물이며 이 거래의 유효성을 확인하기 위해서는 블록체인 참여자들의 합의가 필요하다.

일반적으로 블록에는 가격, 행위(구매, 판매, 양도 등), 시간 스탬프와 같은 거래 데이터가 포함된다. 모든 거래(또는 일련의 거래)는 블록을 생성한다. 각 미래 블록에는 이전 블록의 암호화 해시(현재 해시는 일반적으로 SHA-256)가 포함된다. 이렇게 해서 각 거래 블록은 암호화된 방식으로 이전 블록에 결속된다.

비트코인과 같이 블록체인이 공개적으로 분산되면 각 참여자는 블록체인의 모든 거래를 확인할 수 있다. 참여자가 가진 돈이나 재산의 정도는 해당 정보가 거래 기록에 포함되지 않는 한 알 수 없지만 두 참여자 사이에 교환된 가치는 볼 수 있으며 그 유효성을 확인할 수 있다.

참여자는 누구나 위조하기가 극히 어려운(암호화 분야의 용어로 표현하자면 '간단치 않은') 암호화 증명서를 제시함으로써 특정 블록체인 계정의 소유권을 입증할 수 있다. 블록체인의 동작 원리는 각 참여자에게 서명된 콘텐츠를 생성할 수 있는 프라이빗 키가 있고, 연결된 퍼블릭 키를 사용해 다른 모든 참여자들이 손쉽게 이 프라이빗 키를 확인할 수 있다는 점에서 퍼블릭/프라이빗 키 암호화와 비슷하다.

블록체인에는 클라우드 컴퓨팅과 같이 퍼블릭, 프라이빗, 하이브리드 블록체인이 있다. 자기만의 블록체인을 만들거나 이익을 공유하는 더 큰 그룹에서 만든 다른 블록체인을 사용할 수 있으며, 비트코인과 같이 퍼블릭 글로벌 블록체인에 참여하는 것도 가능하다. 비교적 최근부터는 프라이빗 블록체인은 퍼블릭 블록체인에, 퍼블릭 블록체인은 프라이빗 블록체인에 참여할 수도 있다.

① 비트코인은 지난 한 해 동안 가격이 20배 상승했다.
② 자기만의 블록체인을 만들거나 이익을 공유하는 더 큰 그룹에서 만든 다른 블록체인을 사용할 수 있다.
③ 블록체인 기술은 10년 내에 GDP 10%를 차지할 것으로 예상된다.
④ 블록체인은 암호화되어 보호되는 디지털 로그 파일이며 온라인 거래를 안전하게 보호하는 역할을 한다.
⑤ 블록체인이 비공개적으로 분산되면 각 참여자는 블록체인의 모든 거래를 확인할 수 있다.

12 다음 글을 순서대로 바르게 나열한 것은?

> 유명인 모델의 광고 효과를 높이기 위해서는 유명인이 자신과 잘 어울리는 한 상품의 광고에만 지속적으로 나오는 것이 좋다.
>
> (가) 여러 광고에 중복 출연하는 유명인이 많아질수록 외견상으로는 중복 출연이 광고 매출을 증대시켜 광고 산업이 활성화되는 것으로 보일 수 있다.
>
> (나) 유명인을 비롯한 광고 모델의 적절한 선정이 요구되는 이유가 여기에 있다.
>
> (다) 하지만 모델의 중복 출연으로 광고 효과가 제대로 나타나지 않으면 광고비가 과다 지출되어 결국 광고주와 소비자의 경제적인 부담으로 이어진다.
>
> (라) 이렇게 할 경우 상품의 인지도가 높아지고, 상품을 기억하기 쉬워지며, 광고 메시지에 대한 신뢰도가 제고된다.
>
> (마) 유명인의 유명세가 상품에 전이되고 소비자가 유명인이 진실하다고 믿게 되기 때문이다.

① (가)(나)(라)(다)(마)

② (가)(마)(라)(나)(다)

③ (라)(가)(마)(나)(다)

④ (라)(마)(가)(다)(나)

⑤ (마)(라)(다)(나)(가)

13 강연의 내용을 고려할 때 ㉠에 대한 대답으로 가장 적절한 것은?

> 여러분 안녕하세요. 저는 타이포그래피 디자이너 ○○○입니다. 이렇게 사내 행사에 초청받아 타이포그래피에 대해 소개하게 되어 무척 기쁩니다.
>
> 타이포그래피는 원래 인쇄술을 뜻했지만 지금은 그 영역이 확대되어 문자로 구성하는 디자인 전반을 가리킵니다. 타이포그래피에는 언어적 기능과 조형적 기능이 있는데요, 그 각각을 나누어 말씀드리겠습니다.
>
> 먼저 타이포그래피의 언어적 기능은 글자 자체가 가지고 있는 의미전달에 중점을 두는 기능을 말합니다. 의미를 정확하게 전달하기 위해서는 가독성을 높이는 일이 무엇보다 중요하지요. (화면의 '작품1'을 가리키며) 이것은 여러분들도 흔히 보셨을 텐데요, 학교 앞 도로의 바닥에 적혀 있는 '어린이 보호 구역'이라는 글자입니다. 운전자에게 주의하며 운전하라는 의미를 전달해야 하므로 이런 글자는 무엇보다도 가독성이 중요하겠지요? 그래서 이 글자들은 전체적으로 크면서도 세로로 길게 디자인하여 운전 중인 운전자에게 글자가 쉽게 인식될 수 있도록 제작한 것입니다.
>
> 이어서 타이포그래피의 조형적 기능을 살펴보겠습니다. 타이포그래피의 조형적 기능이란 글자를 재료로 삼아 구체적인 형태의 외형적 아름다움을 전달하는 기능을 말합니다. (화면의 '작품2'를 가리키며) 이 작품은 '등'이라는 글씨의 받침 글자 'ㅇ'을 전구 모양으로 만들었어요. 그리고 받침 글자를 중심으로 양쪽에 사선을 그려 넣고 사선의 위쪽을 검은색으로 처리했어요. 이렇게 하니까 마치 갓이 씌워져 있는 전등에서 나온 빛이 아래쪽을 환하게 밝히고 있는 그림처럼 보이지요. 이렇게 회화적 이미지를 첨가하면 외형적 아름다움뿐만 아니라 글자가 나타내는 의미까지 시각화하여 전달할 수 있습니다.
>
> (화면의 '작품3'을 가리키며) 이 작품은 '으'라는 글자 위아래를 뒤집어 나란히 두 개를 나열했어요. 그러니까 꼭 사람의 눈과 눈썹을 연상시키네요. 그리고 'ㅇ' 안에 작은 동그라미를 세 개씩 그려 넣어서 눈이 반짝반짝 빛나고 있는 듯한 모습을 표현했습니다. 이것은 글자의 의미와는 무관하게 글자의 형태만을 활용하여 제작자의 신선한 발상을 전달하기 위한 작품이라고 할 수 있습니다.
>
> 지금까지 작품들을 하나씩 보여 드리며 타이포그래피를 소개해 드렸는데요, 한번 정리해 봅시다. (화면에 '작품1', '작품2', '작품3'을 한꺼번에 띄워 놓고) ㉠<u>좀 전에 본 작품들은 타이포그래피의 어떤 기능에 중점을 둔 것일까요?</u>

① '작품1'은 운전자가 쉽게 읽을 수 있도록 글자를 제작하였으므로 타이포그래피의 언어적 기능에 중점을 둔 것이라 할 수 있습니다.

② '작품2'는 글자가 나타내는 의미와 상관없이 글자를 작품의 재료로만 활용하고 있으므로 타이포그래피의 조형적 기능에 중점을 둔 것이라 할 수 있습니다.

③ '작품3'은 회화적 이미지를 활용하여 글자의 외형적 아름다움을 표현했으므로 타이포그래피의 언어적 기능에 중점을 둔 것이라 할 수 있습니다.

④ '작품1'과 '작품2'는 모두 글자의 색을 화려하게 사용하여 의미를 정확하게 전달하고 있으므로 타이포그래피의 언어적 기능에 중점을 둔 것이라 할 수 있습니다.

⑤ '작품2'와 '작품3'은 모두 글자의 외형적 아름다움을 통해 글자의 의미 전달을 돕고 있으므로 타이포그래피의 조형적 기능에 중점을 둔 것이라 할 수 있습니다.

14 다음 제시된 글의 내용과 일치하는 것은?

사실적인 그림을 그리기 위해서는 우선 우리가 살아가는 현실을 화면에다 똑같이 옮겨 놓아야만 한다. 그런데 화면은 이차원의 평면이다. 원칙적으로 삼차원의 실제 공간을 이차원의 화면 위에 옮겨 놓기는 불가능하다. 현실을 화면에 옮기기 위해서는 어떤 장치가 필요한데, 그 장치가 바로 원근법이다.

원근법은 15세기 무렵부터 사용되기 시작하였다. 그렇다면 15세기 이전의 미술가들은 가까이 있는 것은 크게, 멀리 있는 것은 작게 그리는 방법을 몰랐다는 말인가? 꼭 그렇진 않다. 여기서의 원근법은 누구나 알고 있는 경험적인 원근법을 말하는 것이 아니다. 15세기의 원근법이란 수학적으로 계산된 공간의 재현 법칙이었다. 서기 79년 베수비우스 화산의 폭발로 매몰된 〈신비의 집〉이라는 폼페이의 벽화에서는 그리는 사람이 관찰한 결과를 토대로 앞에 있는 사람보다 뒤쪽에 멀리 있는 사람의 다리를 짧게 그리고 있다. 이는 공간감을 실감나게 표현하기 위해서 단축법을 사용한 결과이다. 단축법이란 깊이를 표현하기 위해서 멀리 있는 사물의 길이를 줄여서 표현하는 기법이다.

르네상스 미술의 최고 발명품인 원근법은 15세기 이탈리아 건축가며 조각가인 브루넬레스키에 의해 만들어졌다. 원근법을 이용하여 그림을 그린 최초의 화가는 마사치오였다. 그의 〈헌금〉이라는 작품을 보고 15세기 이탈리아의 피렌체 시민들은 깜짝 놀랐다. 그림이 너무 사실적으로 표현되었기 때문이다. 이 그림의 배경 공간은 〈신비의 집〉과 같이 밋밋하고 성격 없는 공간에서 수백 미터나 되는 깊이를 느끼게 해주었다. 원근법이 발명되고 나서야 비로소 미술가들은 현실과 똑같은 공간을 화면에 옮겨 놓을 수가 있었던 것이다.

그러나 원근법으로 그림을 그리는 일은 생각만큼 쉬운 일은 아니었다. 뒤러의 〈원근법 연습〉이라는 작품을 보면 르네상스 화가들이 어떻게 원근법을 이용하였으며 과거의 단축법과 어떻게 다른지를 알 수 있다. 화가와 모델 사이에는 격자무늬가 그려진 투명한 창이 있고 화가의 눈 밑에는 카메라의 파인더와 같은 조그만 구멍이 뚫린 기구가 놓여 있다. 화가는 한 눈을 감고 이 기구의 조그만 구멍을 통해 본 격자무늬의 창 너머에 있는 모델을 책상 위에 펼쳐 놓은 모눈종이에 옮겨 그린다. 화가는 그림이 다 끝날 때까지 눈을 움직여서는 안 되었다. 눈을 움직이면 보는 위치가 틀려져 원근법으로 맞지가 않기 때문이다. 르네상스 화가들은 뒤러와 같은 방법으로 현실 공간을 정확하게 화면에다 옮길 수가 있었다. 르네상스 화가들이 정물이나 풍경을 그리려면 어떻게 했을까? 간단하다. 정물을 그리려면 모델을 정물로 바꾸면 되고, 풍경화를 그리고 싶으면 투명한 창을 산이나 평야 쪽으로 바꾸어 놓으면 되었다.

우첼로 같은 화가는 원근법에 너무나 감동한 나머지 밤새도록 원근법을 실험했다고 한다. 그리고 15세기의 유명한 이탈리아의 건축가이며 미학자인 알베르티는 "원근법을 모르면 그림을 그리지도 말라."고 얘기할 정도였다. 실물과 똑같이 그림을 그리려 했던 르네상스 화가들에게 원근법은 무엇보다도 중요한 공간 표현의 수단이었다.

① 브루넬레스키는 단축법을 변형·발전시켜 원근법을 만들어냈다.
② 마사치오의 〈헌금〉은 경험적인 원근법을 이용하여 그려진 최초의 작품이다.
③ 르네상스 시대 이전의 화가들은 현실의 공간을 정확하게 재현할 수 있었다.
④ 르네상스 시대의 화가들은 사실적인 공간 표현을 위해 원근법을 중요시했다.
⑤ 사물의 길이를 줄여서 표현하는 단축법은 15세기부터 사용되기 시작하였다.

15 다음 문장들을 순서에 맞게 배열한 것을 고르시오.

(가) 인물 그려내기라는 말은 인물의 생김새나 차림새 같은 겉모습을 그려내는 것만 가리키는 듯 보이기 쉽다.

(나) 여기서 눈에 보이는 것의 대부분을 뜻하는 공간에 대해 살필 필요가 있다. 공간은 이른바 공간적 배경을 포함한, 보다 넓은 개념이다.

(다) 하지만 인물이 이야기의 중심적 존재이고 그가 내면을 지닌 존재임을 고려하면, 인물의 특질을 제시하는 것의 범위는 매우 넓어진다. 영화, 연극 같은 공연 예술의 경우, 인물과 직접적·간접적으로 관련된 것들, 무대 위나 화면 속에 자리해 감상자의 눈에 보이는 것 거의 모두가 인물 그려내기에 이바지한다고까지 말할 수 있다.

(라) 그것은 인물과 사건이 존재하는 곳과 그곳을 구성하는 물체들을 모두 가리킨다. 공간이라는 말이 다소 추상적이므로, 경우에 따라 그곳을 구성하는 물체들, 곧 비나 눈 같은 기후 현상, 옷, 생김새, 장신구, 가구, 거리의 자동차 등을 '공간소'라고 부를 수 있다.

---

① (가) – (나) – (다) – (라)

② (가) – (다) – (나) – (라)

③ (가) – (라) – (나) – (다)

④ (라) – (나) – (가) – (다)

⑤ (라) – (다) – (가) – (나)

16 다음 글을 통해 추론할 수 있는 것은?

> '핸드오버'란 이동단말기가 이동함에 따라 기존 기지국에서 이탈하여 새로운 기지국으로 넘어갈 때 통화가 끊기지 않도록 통화 신호를 새로운 기지국으로 넘겨주는 것을 말한다. 이런 핸드오버는 이동단말기, 기지국, 이동전화교환국 사이의 유무선 연결을 바탕으로 실행된다. 이동단말기가 기지국에 가까워지면 그 둘 사이의 신호가 점점 강해지는데 반해, 이동단말기와 기지국이 멀어지면 그 둘 사이의 신호는 점점 약해진다. 이 신호의 세기가 특정값 이하로 떨어지게 되면 핸드오버가 명령되어 이동단말기와 새로운 기지국 간의 통화 채널이 형성된다. 이 과정에서 이동전화교환국과 기지국 간 연결에 문제가 발생하면 핸드오버가 실패하게 된다.
>
> 핸드오버는 이동단말기와 기지국 간 통화 채널 형성 순서에 따라 '형성 전 단절 방식'과 '단절 전 형성 방식'으로 구분될 수 있다. FDMA와 TDMA에서는 형성 전 단절 방식을, CDMA에서는 단절 전 형성 방식을 사용한다. 형성 전 단절 방식은 이동단말기와 새로운 기지국 간의 통화 채널이 형성되기 전에 기존 기지국과의 통화 채널을 단절하는 것을 말한다. 이와 반대로 단절 전 형성 방식은 이동단말기와 기존 기지국 간의 통화 채널이 단절되기 전에 새로운 기지국과의 통화 채널을 형성하는 방식이다. 이런 핸드오버 방식의 차이는 각 기지국이 사용하는 주파수 간 차이에서 비롯된다. 만약 각 기지국이 다른 주파수를 사용하고 있다면, 이동단말기는 기존 기지국과의 통화 채널을 미리 단절한 뒤 새로운 기지국에 맞는 주파수를 할당 받은 후 통화 채널을 형성해야 한다. 그러나 각 기지국이 같은 주파수를 사용하고 있다면, 그런 주파수 조정이 필요 없으며 새로운 통화 채널을 형성하고 나서 기존 통화 채널을 단절할 수 있다.

① 단절 전 형성 방식의 각 기지국은 서로 다른 주파수를 사용한다.

② 형성 전 단절 방식은 단절 전 형성 방식보다 더 빨리 핸드오버를 명령할 수 있다.

③ 이동단말기와 기존 기지국 간의 통화 채널이 단절되면 핸드오버가 성공한다.

④ CDMA에서는 하나의 이동단말기가 두 기지국과 동시에 통화 채널을 형성할 수 있지만 FDMA에서는 그렇지 않다.

⑤ 이동단말기 A와 기지국 간 신호 세기가 이동단말기 B와 기지국 간 신호 세기보다 더 작다면 이동단말기 A에서는 핸드오버가 명령되지만 이동단말기 B에서는 핸드오버가 명령되지 않는다.

17 다음 글의 내용과 가장 부합하는 진술은?

> 여행을 뜻하는 서구어의 옛 뜻에 고역이란 뜻이 들어 있다는 사실이 시사하듯이 여행은 금리생활자들의 관광처럼 속 편한 것만은 아니다. 그럼에도 불구하고 고생스러운 여행이 보편적인 심성에 호소하는 것은 일상의 권태로부터의 탈출과 해방의 이미지를 대동하고 있기 때문일 것이다. 술 익는 강마을의 저녁노을은 '고약한 생존의 치욕에 대한 변명'이기도 하지만 한편으로는 그 치욕으로부터의 자발적 잠정적 탈출의 계기가 되기도 한다. 그리고 그것은 결코 가볍고 소소한 일이 아니다. 직업적 나그네와는 달리 보통 사람들은 일상생활에 참여하고 잔류하면서 해방의 순간을 간접 경험하는 것이다. 인간의 여행은 술 익는 강마을의 저녁노을을 생존의 치욕을 견디게 할 수 있는 매혹으로 만들어 주기도 하는 것이다.

① 여행은 고생으로부터의 해방이다.

② 금리생활자들이 여행을 하는 것은 고약한 생존의 치욕에 대한 변명을 위해서이다.

③ 윗글에서 '보편적인 심성'이라는 말은 문맥으로 보아 여행은 고생스럽다는 생각을 가리키는 것이다.

④ 사람들은 여행에서 일시적인 해방을 맛본다.

⑤ 여행은 금리생활자들의 관광처럼 편안하고 고된 일상으로부터의 탈출과 해방을 안겨준다.

18 다음 문장들을 순서에 맞게 배열한 것을 고르시오.

(가) 포인트 카드는 경제학에서 볼 때, '가격 차별'의 한 유형이다. 가격 차별이란, 동일한 물건을 파는데 사는 사람에 따라 다른 가격을 적용하는 것이다. 기업들이 가격 차별 정책을 펴는 것은 이익을 극대화하기 위해서이다. 동일한 물건이라도 각 개인에게 주는 가치는 다르다. 가치가 다른 만큼 각 개인이 지불하고자 하는 가격도 다르다. 즉, 동일한 물건에 대한 '유보 가격'이 사람마다 다르다는 것이다. 유보 가격은 어떤 물건에 대해 소비자가 지불할 용의가 있는 최고의 가격을 말한다.

(나) 그렇다면 회사마다 포인트 카드를 만들어내는 이유는 무엇일까? 포인트 카드는 단골손님을 만들어내는 효과가 있다. 영화를 볼 때 A영화관 포인트 카드가 있으면 다른 영화관보다 A영화관으로 가려 할 것이다. B음식점 포인트 카드가 있으면 음식을 먹을 때 B 음식점을 먼저 찾을 것이다. 하지만 포인트 카드를 무분별하게 만들어내면서 기업이 포인트 카드로 단골손님을 만드는 것은 점점 어려워지고 있다.

(다) 영화를 보러 가도, 커피를 마시러 가도 어디서나 포인트 카드의 소지 여부를 물어 본다. 포인트 카드가 있으면 값을 일정 부분 깎아 주거나, 포인트로 적립해서 현금처럼 사용하도록 해 준다. 현실이 이렇다 보니, 제값을 다 내면 왠지 나만 손해를 보는 느낌이 든다.

(라) 할인 판매 기간 중 백화점에 가면 상품마다 두 개의 가격이 표시돼 있다. 둘 중 높은 가격이 '정상 가격'이고 낮은 가격이 '할인 가격'이다. 어떤 백화점에서는 정상 가격이 50만 원인 물건을 할인 판매 기간 중에 사면 영수증에 "15만 원 에누리"라는 문구를 포함하기도 한다. 정상 가격에 비해 15만 원을 절약했다는 것이다. 하지만 같은 물건을 어떤 때는 50만 원에 팔고 어떤 때는 35만 원 에 판다면, 이 물건의 정상 가격이 과연 50만 원 이라고 할 수 있을까? 평균을 내서 40만 원 혹은 45만 원 정도를 정상 가격으로 보는 게 맞지 않을까? 그렇다면 소비자가 할인가격으로 물건을 사는 게 '절약'으로 보이지만 사실은 할인되지 않은 가격으로 물건을 사는 것은 '바가지 쓰기'라고 볼 수 있다.

(마) 포인트 카드에 대해서도 비슷한 말을 할 수 있다. 포인트 카드를 제시하는 사람에게 적용되는 가격이 사실은 '할인 가격'이 아니라 포인트 카드를 제시하지 않은 사람에게 적용되는 가격이 '바가지 가격'이 되는 것이다. 모든 사람이 포인트 카드를 가지고 다닌다면 대부분의 사람들에게 적용되는 할인가격이 실제로는 정상가격이고, 이 가격보다 높은 가격은 바가지 가격으로 봐야 하기 때문이다.

① (가) - (나) - (라) - (마) - (다)
② (가) - (다) - (나) - (라) - (마)
③ (다) - (가) - (나) - (마) - (라)
④ (다) - (나) - (가) - (라) - (마)
⑤ (다) - (라) - (나) - (가) - (마)

19 다음 글에서 추론할 수 있는 내용만을 모두 고른 것은?

'도박사의 오류'라고 불리는 것은 특정 사건과 관련 없는 사건을 관련 있는 것으로 간주했을 때 발생하는 오류이다. 예를 들어, 주사위 세 개를 동시에 던지는 게임을 생각해 보자. 첫 번째 던지기 결과는 두 번째 던지기 결과에 어떤 영향도 미치지 않으며, 이런 의미에서 두 사건은 서로 상관이 없다. 마찬가지로 10번의 던지기에서 한 번도 6의 눈이 나오지 않았다는 것은 11번째 던지기에서 6의 눈이 나온다는 것과 아무런 상관이 없다. 그럼에도 불구하고, 우리는 "10번 던질 동안 한 번도 6의 눈이 나오지 않았으니, 이번 11번째 던지기에는 6의 눈이 나올 확률이 무척 높다."라고 말하는 경우를 종종 본다. 이런 오류를 '도박사의 오류 A'라고 하자. 이 오류는 지금까지 일어난 사건을 통해 미래에 일어날 특정 사건을 예측할 때 일어난다.

하지만 반대 방향도 가능하다. 즉, 지금 일어난 특정 사건을 바탕으로 과거를 추측하는 경우에도 오류가 발생한다. 다음 사례를 생각해보자. 당신은 친구의 집을 방문했다. 친구의 방에 들어가는 순간, 친구는 주사위 세 개를 던지고 있었으며 그 결과 세 개의 주사위에서 모두 6의 눈이 나왔다. 이를 본 당신은 "방금 6의 눈이 세 개가 나온 놀라운 사건이 일어났다는 것에 비춰볼 때, 내가 오기 전에 너는 주사위 던지기를 무척 많이 했음에 틀림없다."라고 말한다. 당신은 방금 놀라운 사건이 일어났다는 것을 바탕으로 당신 친구가 과거에 주사위 던지기를 많이 했다는 것을 추론한 것이다. 하지만 이것도 오류이다. 당신이 방문을 여는 순간 친구가 던진 주사위들에서 모두 6의 눈이 나올 확률은 매우 낮다. 하지만 이 사건은 당신 친구가 과거에 주사위 던지기를 많이 했다는 것에 영향을 받은 것이 아니다. 왜냐하면 문을 열었을 때 처음으로 주사위 던지기를 했을 경우에 문제의 사건이 일어날 확률과, 문을 열기 전 오랫동안 주사위 던지기를 했을 경우에 해당 사건이 일어날 확률은 동일하기 때문이다. 이 오류는 현재에 일어난 특정 사건을 통해 과거를 추측할 때 일어난다. 이를 '도박사의 오류 B'라고 하자.

㉠ 인태가 당첨 확률이 매우 낮은 복권을 구입했다는 사실로부터 그가 구입한 그 복권은 당첨되지 않을 것이라고 추론하는 것은 도박사의 오류 A이다.

㉡ 은희가 오늘 구입한 복권에 당첨되었다는 사실로부터 그녀가 오랫동안 꽤 많은 복권을 구입했을 것이라고 추론하는 것은 도박사의 오류 B이다.

㉢ 승민이가 어제 구입한 복권에 당첨되었다는 사실로부터 그가 구입했던 그 복권의 당첨 확률이 매우 높았을 것이라고 추론하는 것은 도박사의 오류 A도 아니며 도박사의 오류 B도 아니다.

① ㉠

② ㉡

③ ㉠, ㉢

④ ㉡, ㉢

⑤ ㉠, ㉡, ㉢

20 다음을 읽고, 빈칸에 들어갈 내용으로 가장 알맞은 것을 고르시오.

> 역사적 사실(historical fact)이란 무엇인가? 이것은 우리가 좀 더 꼼꼼히 생각해 보아야만 하는 중요한 질문이다. 상식적인 견해에 따르면, 모든 역사가들에게 똑같은, 말하자면 역사의 척추를 구성하는 어떤 기초적인 사실들이 있다. 예를 들면 헤이스팅스(Hastings) 전투가 1066년에 벌어졌다는 사실이 그런 것이다. 그러나 이 견해에는 명심해야 할 두 가지 사항이 있다. 첫째로, 역사가들이 주로 관심을 가지는 것은 그와 같은 사실들이 아니라는 점이다. 그 대전투가 1065년이나 1067년이 아니라 1066년에 벌어졌다는 것, 그리고 이스트본(Eastbourne)이나 브라이턴(Brighton)이 아니라 헤이스팅스에서 벌어졌다는 것을 아는 것은 분명히 중요하다. 역사가는 이런 것들에서 틀려서는 안 된다. 하지만 나는 이런 종류의 문제들이 제기될 때 _____ 라는 하우스먼의 말을 떠올리게 된다. 어떤 역사가를 정확하다는 이유로 칭찬하는 것은 어떤 건축가를 잘 말린 목재나 적절히 혼합된 콘크리트를 사용하여 집을 짓는다는 이유로 칭찬하는 것과 같다.

① '정확성은 의무이며 곧 미덕이다'
② '정확성은 미덕이지 의무는 아니다'
③ '정확성은 의무도 미덕도 아니다'
④ '정확성은 의무이지 미덕은 아니다'
⑤ '정확성은 가장 우선적인 의무이다'

21 붉은 리본을 맨 상자에는 화이트 초콜릿 4개, 다크 초콜릿 2개가 들어 있고, 푸른 리본을 맨 상자에는 화이트 초콜릿 4개, 다크 초콜릿 4개가 들어 있다. 붉은 리본의 상자와 푸른 리본의 상자에서 초콜릿을 한 개씩 꺼낼 때 하나는 화이트 초콜릿이고, 다른 하나는 다크 초콜릿일 확률은?

① $\frac{1}{2}$

② $\frac{1}{3}$

③ $\frac{1}{4}$

④ $\frac{1}{5}$

⑤ $\frac{1}{6}$

22 지현이는 펜과 연필 그리고 지우개를 모두 합해서 40개 가지고 있다. 연필의 개수는 펜의 개수보다 5개 많고, 지우개의 개수는 연필의 개수보다 3개 많을 때, 각각의 개수는?

	펜	연필	지우개
①	3	8	29
②	5	10	25
③	7	12	21
④	9	14	17
⑤	11	16	13

23 2022년 11월 1일 화요일은 둘이 만난 지 100일이 되는 날이다. 이 둘이 처음 만난 날은 무슨 요일이었는가? (단, 처음 만난 날을 만난 지 1일이라고 한다)

① 월요일   ② 화요일

③ 수요일   ④ 목요일

⑤ 금요일

24 A는 B보다 1살 많고, C는 B보다 4살이 적으며 A, B, C의 나이 평균은 12살이다. C의 나이는?

① 9세   ② 10세

③ 11세   ④ 12세

⑤ 13세

25 공원을 가는 데 집에서 갈 때는 시속 2km로 가고 돌아 올 때는 3km 먼 길을 시속 4km로 걸어왔다. 쉬지 않고 걸어 총 시간이 6시간이 걸렸다면 처음 집에서 공원을 간 거리는 얼마나 되는가?

① 7km   ② 7.5km

③ 8km   ④ 8.5km

⑤ 9km

26 재현이가 농도가 20%인 소금물에서 물 60g을 증발시켜 농도가 25%인 소금물을 만든 후, 여기에 소금을 더 넣어 40%의 소금물을 만든다면 몇 g의 소금을 넣어야 하겠는가?

① 40g

② 45g

③ 50g

④ 55g

⑤ 60g

27 민수의 재작년 나이의 $\frac{1}{4}$과 내년 나이의 $\frac{1}{5}$이 같을 때 민수의 올해 나이는?

① 10세

② 12세

③ 14세

④ 16세

⑤ 18세

28 어느 인기 그룹의 공연을 준비하고 있는 기획사는 다음과 같은 조건으로 총 1,500장의 티켓을 판매하려고 한다. 티켓 1,500장을 모두 판매한 금액이 6,000만 원이 되도록 하기 위해 판매해야 할 S석 티켓의 수를 구하면?

> (가) 티켓의 종류는 R석, S석, A석 세 가지이다.
> (나) R석, S석, A석 티켓의 가격은 각각 10만 원, 5만 원, 2만 원이고, A석 티켓의 수는 R석과 S석 티켓의 수의 합과 같다.

① 450장

② 600장

③ 750장

④ 900장

⑤ 1,050장

29 오후 1시 36분에 사무실을 나와 분속 70m의 일정한 속도로 서울역까지 걸어가서 20분간 내일 부산 출장을 위한 승차권 예매를 한 뒤, 다시 분속 50m의 일정한 속도로 걸어서 사무실에 돌아와 시계를 보니 2시 32분이었다. 이때 걸은 거리는 모두 얼마인가?

① 1,050m
② 1,500m
③ 1,900m
④ 2,100m
⑤ 2,400m

| 30~31 | 다음은 어느 기업의 해외 수출 상담실적에 관한 자료이다. 물음에 답하시오.

(단위 : 건)

구분	2020년	2021년	2022년
칠레	265	271	362
타이완	358	369	394
인도	503	548	566
호주	633	661	689
영국	481	496	518
미국	962	985	1,186
중국	897	968	1,098

30 이 회사의 대 칠레 수출 상담실적의 2022년 증감률은? (단, 소수 둘째자리에서 반올림하시오.)

① 33.2%
② 33.4%
③ 33.6%
④ 33.8%
⑤ 34.2%

31 2021년 이 회사의 아시아 국가 수출 상담실적은 아메리카(남·북 모두 포함) 국가의 몇 배인가? (단, 소수 둘째자리에서 반올림하시오.)

① 1.1배
② 1.3배
③ 1.5배
④ 1.7배
⑤ 2.1배

32 다음에 주어진 표는 우리나라의 자원의 수입 의존도와 공업의 입지 유형에 대한 것을 나타낸 것이다. 이를 통해 우리나라 공업에 대하여 추측한 것으로 옳은 것을 고르시오.

〈표1〉 우리나라의 자원의 수입 의존도

자원	비율(%)	자원	비율(%)
천연고무	100	원유	100
역청탄	100	원면	100
알루미늄	98	원강	100
철광석	90	양모	90
구리	90	원피	85

〈표2〉 공업의 입지 유형

원료 지향형	제조 과정에서 원료의 중량·부피가 감소하는 공업, 원료가 부패하기 쉬운 공업
시장 지향형	제조 과정에서 제품의 무게와 부피가 증가하는 공업, 제품이 변질·파손되기 쉬운 공업, 소비자와의 잦은 접촉이 필요한 공업
노동비 지향형	풍부하고 저렴한 노동력이 필요한 공업
동력 지향형	많은 양의 동력을 필요로 하는 공업

① 우리나라는 공업화로 인해 환경오염이 가속화 되고 있다.

② 〈표1〉에서 주어진 수입하는 자원들은 바닷가 지역을 중심으로 하여 가공업이 중심을 이루고 있다.

③ 원료 지향형의 공업이 발달하였다.

④ 공업의 성장속도가 점차 빨라지고 있다.

⑤ 자원 수입 의존도가 높은 산업은 지양하여야 한다.

33 다음 표는 A지역의 유형별 토지면적 현황을 나타낸 것이다. 이를 바탕으로 설명한 내용으로 옳은 것은?

(단위 : m^2)

토지유형 연도	삼림	초지	습지	나지	경작지	훼손지	전체면적
2018	539,691	820,680	22,516	898,566	480,645	1	2,762,099
2019	997,114	553,499	204	677,654	555,334	1	2,783,806
2020	1,119,360	187,479	94,199	797,075	487,767	1	2,685,881
2021	1,596,409	680,760	20,678	182,424	378,634	4,825	2,862,730
2022	1,668,011	692,018	50,316	50,086	311,086	129,581	2,901,098

① A지역의 전체 면적은 2018년에 약 2.76km^{2}였으나 이후 지속적으로 증가하여 2022년에는 약 2.90km^{2}로 되었다.

② 삼림 면적은 2018년에 A지역 전체 면적의 25% 미만에서 2022년에는 55% 이상으로 증가하여 토지유형 중 증가율이 가장 높았다.

③ 삼림 면적은 2020년에서 2021년 사이에 가장 큰 폭을 증가하였다.

④ 2018년 나지 면적은 전체 면적의 30% 이상을 차지하였으나 지속적으로 감소하여 2022년에는 5% 이하에 불과하였다.

⑤ 나지의 연도별 면적 변화폭은 다른 토지유형의 연도별 면적 변화폭에 비해 가장 작은 것으로 나타났다.

34 L그룹은 직원들의 인문학 역량 향상을 위하여 독서 캠페인을 진행하고 있다. 다음 〈표〉는 인사팀 사원 6명의 지난달 독서 현황을 보여주는 자료이다. 이 자료를 바탕으로 할 때, 〈보기〉의 설명 가운데 옳지 않은 것을 모두 고르면?

〈표〉 인사팀 사원별 독서 현황

구분 \ 사원	준호	영우	나현	준걸	주연	태호
성별	남	남	여	남	여	남
독서량(권)	0	2	6	4	8	10

〈보기〉
㉠ 인사팀 사원들의 평균 독서량은 5권이다.
㉡ 남자 사원인 동시에 독서량이 5권 이상인 사원수는 남자 사원수의 50% 이상이다.
㉢ 독서량이 2권 이상인 사원 가운데 남자 사원의 비율은 인사팀에서 여자 사원 비율의 2배이다.
㉣ 여자 사원이거나 독서량이 7권 이상인 사원수는 전체 인사팀 사원수의 50% 이상이다.

① ㉠, ㉡
② ㉠, ㉢
③ ㉠, ㉣
④ ㉡, ㉢
⑤ ㉡, ㉣

35 다음은 '갑'지역의 친환경농산물 인증심사에 대한 자료이다. 2022년부터 인증심사원 1인당 연간 심사할 수 있는 농가수가 상근직은 400호, 비상근직은 250호를 넘지 못하도록 규정이 바뀐다고 할 때, 〈조건〉을 근거로 예측한 내용 중 옳지 않은 것은?

'갑'지역의 인증기관별 인증현황(2021년)

(단위 : 호, 명)

인증기관	심사 농가수	승인 농가수	인증심사원		
			상근	비상근	합
A	2,540	542	4	2	6
B	2,120	704	2	3	5
C	1,570	370	4	3	7
D	1,878	840	1	2	3
계	8,108	2,456	11	10	21

※ 1) 인증심사원은 인증기관 간 이동이 불가능하고 추가고용을 제외한 인원변동은 없음.
　 2) 각 인증기관은 추가 고용 시 최소인원만 고용함.

〈조건〉
- 인증기관의 수입은 인증수수료가 전부이고, 비용은 인증심사원의 인건비가 전부라고 가정한다.
- 인증수수료 : 승인농가 1호당 10만 원
- 인증심사원의 인건비는 상근직 연 1,800만 원, 비상근직 연 1,200만 원이다.
- 인증기관별 심사 농가수, 승인 농가수, 인증심사원 인건비, 인증수수료는 2021년과 2022년에 동일하다.
---

① 2021년에 인증기관 B의 수수료 수입은 인증심사원 인건비 보다 적다.

② 2022년 인증기관 A가 추가로 고용해야 하는 인증심사원은 최소 2명이다.

③ 인증기관 D가 2022년에 추가로 고용해야 하는 인증심사원을 모두 상근으로 충당한다면 적자이다.

④ 만약 정부가 '갑'지역에 2021년 추가로 필요한 인증심사원을 모두 상근으로 고용하게 하고 추가로 고용되는 상근 심사원 1인당 보조금을 연 600만 원씩 지급한다면 보조금 액수는 연간 5,000만 원 이상이다.

⑤ 만약 2021년 인증수수료 부과기준이 '승인 농가'에서 '심사 농가'로 바뀐다면, 인증수수료 수입액이 가장 많이 증가하는 인증기관은 A이다.

36 다음은 세계 HDD/SSD 시장 및 중국 내 생산 비중 추이를 나타낸 것이다. 다음 중 옳지 않은 것은?

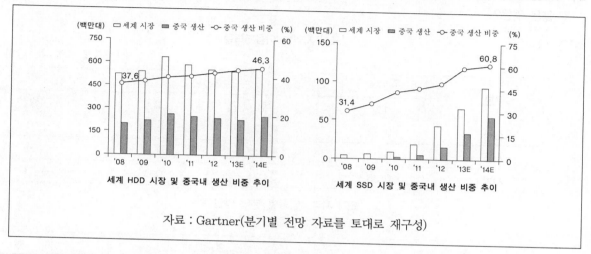

자료 : Gartner(분기별 전망 자료를 토대로 재구성)

① HDD의 중국 내 생산 비중은 꾸준히 증가해 왔다.
② SSD의 경우 중국 내 생산 비중은 2008년 약 31%에서 2014년 약 60%로 HDD를 추월하였다.
③ 세계 HDD 시장의 중국 생산은 꾸준히 증가해 왔다.
④ SSD의 중국 내 생산 비중은 꾸준히 증가해 왔다.
⑤ 세계 HDD 수요의 46%, SSD 수요의 60% 이상이 중국에서 생산된다.

37 다음은 지역별 어음부도율과 지역·업종별 부도 법인 수를 나타낸 것이다. 다음 표를 분석한 내용으로 옳은 것은?

[표1] 지역별 어음부도율

(전자결제 조정 후, 단위 : %)

구분	2021년			
	1월	2월	3월	4월
전국	0.02	0.02	0.02	0.01
서울	0.01	0.01	0.01	0.01
지방	0.05	0.03	0.06	0.03

[표2] 지역·업종별 부도 법인 수

(단위 : 개)

구분	2021년			
	1월	2월	3월	4월
제조업	43	34	37	37
건설업	26	36	27	11
서비스업	48	54	36	39
기타	13	4	3	7
소계	130	128	103	94

※ 기타는 농림어업, 광업, 전기·가스·수도 등

> ㉠ 지방의 경기가 서울의 경기보다 더 빠르게 회복세를 보인다.
> ㉡ 제조업이 부도업체 전체에 차지하는 비율이 1월보다 4월이 높다.
> ㉢ 어음부도율이 낮아지는 현상은 국내 경기가 전월보다 회복세를 보이고 있다는 것으로 볼 수 있다.

① ㉠
② ㉠, ㉡
③ ㉠, ㉢
④ ㉡, ㉢
⑤ ㉠, ㉡, ㉢

38 언어영역 3문항, 수리영역 4문항, 외국어영역 3문항, 사회탐구영역 2문항이 있다. A, B, C, D 네 사람에게 3문항씩 각각 다른 영역의 문항을 서로 중복되지 않게 나누어 풀게 하였다. 다음은 네 사람이 푼 문항을 조사한 결과 일부이다. 항상 옳은 것은?

- A는 언어영역 1문항을 풀었다.
- B는 외국어영역 1문항을 풀었다.
- C는 사회탐구영역 1문항을 풀었다.
- D는 외국어영역 1문항을 풀었다.

① A가 외국어영역 문항을 풀었다면 D는 언어영역 문항을 풀었다.
② A가 외국어영역 문항을 풀었다면 C는 언어영역 문항을 풀었다.
③ A가 외국어영역 문항을 풀었다면 B는 언어영역 문항을 풀었다.
④ A가 사회탐구영역 문항을 풀었다면 D는 언어영역 문항을 풀지 않았다.
⑤ 알 수 없다.

39 갑, 을, 병, 정, 무 5명이 해외연수를 받는 순서로 가능한 경우에 해당하는 것은?

- 병과 무가 해외연수를 받는 사이에 적어도 두 사람이 해외연수를 받는다.
- 해외연수는 다섯 달 동안 매달 진행되며, 한 달에 한 사람만 받는다.
- 무가 5명 중에서 가장 먼저 해외연수를 받는 것은 아니다.
- 정이 해외연수를 받은 달은 갑이 해외연수를 받은 달과 인접하지 않는다.

① 을 – 갑 – 병 – 정 – 무
② 을 – 무 – 갑 – 정 – 병
③ 정 – 병 – 을 – 갑 – 무
④ 정 – 을 – 갑 – 병 – 무
⑤ 갑 – 정 – 을 – 무 – 병

40 A, B, C, D 네 명의 수강생이 외국어 학원에서 영어, 일본어, 중국어, 러시아어를 수강하고 있다. 다음에 제시된 내용을 모두 고려하였을 경우 항상 거짓인 것은?

> • C는 한 과목만 수강하며, 한 명도 수강하지 않는 과목은 없다.
> • 남자는 세 명, 여자는 한 명이다.
> • 러시아어는 세 사람이 함께 수강해야 하며, 남자만 수강할 수 있다.
> • 중국어는 여자만 수강할 수 있다.
> • A는 남자이며, 일본어는 반드시 수강해야 한다.
> • 남자는 모두 두 과목을 수강한다.

① 한 과목은 남자 두 명이 수강하게 된다.
② D는 반드시 두 과목을 수강하게 된다.
③ B는 일본어와 러시아어를 함께 수강하고 있지 않다.
④ B와 D는 영어를 수강하지 않는다.
⑤ 러시아어를 수강하고 있는 여자는 없다.

41 다음 내용을 근거로 판단할 때 참말을 한 사람은 누구인가?

> A 동아리 학생 5명은 각각 B 동아리 학생들과 30회씩 가위바위보 게임을 하였다. 각 게임에서 이길 경우 5점, 비길 경우 1점, 질 경우 −1점을 받는다. 게임이 모두 끝나자 A 동아리 학생 5명은 자신들이 얻은 합산 점수를 다음과 같이 말하였다.
>
> • 갑 : 내 점수는 148점이다.
> • 을 : 내 점수는 145점이다.
> • 병 : 내 점수는 143점이다.
> • 정 : 내 점수는 140점이다.
> • 무 : 내 점수는 139점이다.
>
> 이들 중 한 명만 참말을 하고 있다.

① 갑
② 을
③ 병
④ 정
⑤ 무

42 A, B, C, D, E, F가 달리기 경주를 하여 보기와 같은 결과를 얻었다. 1등부터 6등까지 순서대로 나열한 것은?

⊙ A는 D보다 먼저 결승점에 도착하였다.

ⓛ E는 B보다 더 늦게 도착하였다.

ⓒ D는 C보다 먼저 결승점에 도착하였다.

ⓔ B는 A보다 더 늦게 도착하였다.

ⓜ E가 F보다 더 앞서 도착하였다.

ⓑ C보다 먼저 결승점에 들어온 사람은 두 명이다.

---

① A − D − C − B − E − F

③ F − E − B − C − D − A

⑤ C − D − B − E − F − A

② A − D − C − E − B − F

④ B − F − C − E − D − A

43 김 대리는 모스크바 현지 영업소로 출장을 갈 계획이다. 4일 오후 2시 모스크바에서 회의가 예정되어 있어 모스크바 공항에 적어도 오전 11시 이전에는 도착하고자 한다. 인천에서 모스크바까지 8시간이 걸리며, 시차는 인천이 모스크바보다 6시간이 더 빠르다. 김 대리는 인천에서 늦어도 몇 시에 출발하는 비행기를 예약하여야 하는가?

① 3일 09 : 00

② 3일 19 : 00

③ 4일 09 : 00

④ 4일 11 : 00

⑤ 5일 02 : 00

44 수덕, 원태, 광수는 임의의 순서로 빨간색, 파란색, 노란색 지붕을 가진 집에 나란히 이웃하여 살고, 개, 고양이, 원숭이라는 서로 다른 애완동물을 기르며, 광부·농부·의사라는 서로 다른 직업을 갖는다. 알려진 정보가 다음과 같을 때, 옳은 것은?

> - 광수는 광부이다.
> - 가운데 집에 사는 사람은 개를 키우지 않는다.
> - 농부와 의사의 집은 서로 이웃해 있지 않다.
> - 노란 지붕 집은 의사의 집과 이웃해 있다.
> - 파란 지붕 집에 사는 사람은 고양이를 키운다.
> - 원태는 빨간 지붕 집에 산다.

① 수덕은 빨간 지붕 집에 살지 않고, 원태는 개를 키우지 않는다.
② 노란 지붕 집에 사는 사람은 원숭이를 키우지 않는다.
③ 원태는 고양이를 키운다.
④ 수덕은 개를 키우지 않는다.
⑤ 원태는 농부다.

45 다음은 □□전자의 스마트폰 사용에 관한 조사 설계의 일부분이다. 본 설문조사의 목적으로 가장 적합하지 않은 것은?

---

1. 조사 목적

2. 과업 범위
① 조사 대상 : 서울과 수도권에 거주하고 있으며 최근 5년 이내에 스마트폰 변경 이력이 있고, 향후 1년 이내에 스마트폰 변경 의향이 있는 만 20~30세의 성인 남녀
② 조사 방법 : 구조화된 질문지를 이용한 온라인 조사
③ 표본 규모 : 총 1,000명

3. 조사 내용
① 시장 환경 파악 : 스마트폰 시장 동향 (사용기기 브랜드 및 가격, 기기사용 기간 등)
② 과거 스마트폰 변경 현황 파악 : 변경 횟수, 변경 사유 등
③ 향후 스마트폰 변경 잠재 수요 파악 : 변경 사유, 선호 브랜드, 변경 예산 등
④ 스마트폰 구매자를 위한 개선 사항 파악 : 스마트폰 구매자를 위한 요금할인, 사은품 제공 등 개선 사항 적용 시 스마트폰 변경 의향
⑤ 배경정보 파악 : 인구사회학적 특성 (연령, 성별, 거주 지역 등)

4. 결론 및 기대효과

---

① 스마트폰 구매자를 위한 요금할인 프로모션 시행의 근거 마련
② 평균 스마트폰 기기사용 기간 및 주요 변경 사유 파악
③ 광고 매체 선정에 참고할 자료 구축
④ 스마트폰 구매 시 사은품 제공 유무가 구입 결정에 미치는 영향 파악
⑤ 향후 출시할 스마트폰 가격 책정에 활용할 자료 구축

46 다음은 법령 등 공포에 관한 법률의 일부이다. 제시된 자료를 참고할 때, 옳게 판단한 사람은? (단, 법령은 법률, 조약, 대통령령, 총리령, 부령을 의미한다)

제00조 이 법은 법령의 공포절차 등에 관하여 규정함을 목적으로 한다.

제00조

① 법률 공포문의 전문에는 국회의 의결을 받은 사실을 적고, 대통령이 서명한 후 대통령인을 찍고 그 공포일을 명기하여 국무총리와 관계 국무위원이 서명한다.

② 확정된 법률을 대통령이 공포하지 아니할 때에는 국회의장이 이를 공포한다. 국회의장이 공포하는 법률의 공포문 전문에는 국회의 의결을 받은 사실을 적고, 국회의장이 서명한 후 국회의장인을 찍고 그 공포일을 명기하여야 한다.

제00조 조약 공포문의 전문에는 국회의 동의 또는 국무회의의 심의를 거친 사실을 적고, 대통령이 서명한 후 대통령인을 찍고 그 공포일을 명기하여 국무총리와 관계 국무위원이 서명한다.

제00조 대통령령 공포문의 전문에는 국무회의의 심의를 거친 사실을 적고, 대통령이 서명한 후 대통령인을 찍고 그 공포일을 명기하여 국무총리와 관계 국무위원이 서명한다.

제00조

① 총리령을 공포할 때에는 그 일자를 명기하고, 국무총리가 서명한 후 총리인을 찍는다.

② 부령을 공포할 때에는 그 일자를 명기하고, 해당 부의 장관이 서명한 후 그 장관인을 찍는다.

제00조

① 법령의 공포는 관보에 게재함으로써 한다.

② 관보의 내용 및 적용 시기 등은 종이관보를 우선으로 하며, 전자관보는 부차적인 효력을 가진다.

---

① 모든 법률의 공포문 전문에는 국회의장인이 찍혀 있다.

② 핵무기비확산조약의 공포문 전문에는 총리인이 찍혀 있다.

③ 지역문화발전기본법의 공포문 전문에는 대법원장인이 찍혀 있다.

④ 대통령인이 찍혀 있는 법령의 공포문 전문에는 국무총리의 서명이 들어 있다.

⑤ 종이관보에 기재된 법인세법의 세율과 전자관보에 기재된 그 세율이 다른 경우 전자관보를 기준으로 판단하여야 한다.

47 다음에서 설명하고 있는 실업크레딧 제도를 올바르게 이해한 설명은?

실업크레딧 제도

〈지원대상〉

구직급여 수급자가 연금보험료 납부를 희망하는 경우 보험료의 75%를 지원하고 그 기간을 가입기간으로 추가 산입하는 제도

* 구직급여 수급자 – 고용보험에 가입되었던 사람이 이직 후 일정수급요건을 갖춘 경우 재취업 활동을 하는 기간에 지급하는 급여

* 실업기간에 대하여 일정요건을 갖춘 사람이 신청하는 경우에 가입기간으로 추가 산입하는 제도이므로 국민연금 제도의 가입은 별도로 확인 처리해야 함

〈제도안내〉

(1) (지원대상) 국민연금 가입자 또는 가입자였던 사람 중 18세 이상 60세 미만의 구직급여 수급자
 • 다만 재산세 과세금액이 6억 원을 초과하거나 종합소득(사업·근로소득 제외)이 1,680만 원을 초과하는 자는 지원 제외
(2) (지원방법) 인정소득 기준으로 산정한 연금보험료의 25%를 본인이 납부하는 경우에 나머지 보험료인 75%를 지원
 • 인정소득은 실직 전 3개월 평균소득의 50%로 하되 최대 70만 원을 넘지 않음
(3) (지원기간) 구직급여 수급기간으로 하되, 최대 1년(12개월)까지 지원
 • 구직급여를 지급받을 수 있는 기간은 90~240일(월로 환산 시 3~8개월)
(4) (신청 장소 및 신청기한) 전국 국민연금공단 지사 또는 고용센터
 • 고용센터에 실업신고 하는 경우 또는 실업인정신청 시 실업크레딧도 함께 신청 가능하며, 구직급여 수급인정을 받은 사람은 국민연금공단 지사에 구직급여를 지급받을 수 있는 날이 속한 달의 다음달 15일까지 신청할 수 있음

---

① 실직 중이라도 실업크레딧 제도의 혜택을 받은 사람은 자동적으로 국민연금에 가입된 것이 된다.
② 국민연금을 한 번도 거르지 않고 납부해 온 62세의 구직급여 수급자는 실업크레딧의 지원 대상이 된다.
③ 실업 중이며 조그만 자동차와 별도의 사업소득으로 약 1,800만 원의 구직급여 수급자인 A씨는 실업크레딧 지원 대상이다.
④ 인정소득 70만 원, 연금보험료는 63,000원인 구직급여 수급자가 15,750원을 납부하면 나머지 47,250원을 지원해 주는 제도이다.
⑤ 회사 사정으로 급여의 변동이 심하여 실직 전 3개월 간 각각 300만 원, 80만 원, 60만 원의 급여를 받았고 재산세와 종합소득 기준이 부합되는 자는 실업크레딧 지원 대상이다.

48 다음은 3C 분석을 위한 도표이다. 빈칸에 들어갈 질문으로 옳지 않은 것은?

구분	내용
고객/시장(Customer)	• 우리의 현재와 미래의 고객은 누구인가? • ㉠ • ㉡ • 시장의 주 고객들의 속성과 특성은 어떠한가?
경쟁사(Competitor)	• ㉢ • 현재의 경쟁사들의 강점과 약점은 무엇인가? • ㉣
자사(Company)	• 해당 사업이 기업의 목표와 일치하는가? • 기존 사업의 마케팅과 연결되어 시너지효과를 낼 수 있는가? • ㉤

① ㉠ : 새로운 경쟁사들이 시장에 진입할 가능성은 없는가?
② ㉡ : 성장 가능성이 있는 사업인가?
③ ㉢ : 고객들은 경쟁사에 대해 어떤 이미지를 가지고 있는가?
④ ㉣ : 경쟁사의 최근 수익률 동향은 어떠한가?
⑤ ㉤ : 인적 · 물적 · 기술적 자원을 보유하고 있는가?

▌49~50▐ 다음 5개의 팀에 인터넷을 연결하기 위해 작업을 하려고 한다. 5개의 팀 사이에 인터넷을 연결하기 위한 시간이 다음과 같을 때 제시된 표를 바탕으로 물음에 답하시오(단, 가팀과 나팀이 연결되고 나팀과 다팀이 연결되면 가팀과 다팀이 연결된 것으로 간주한다).

구분	가	나	다	라	마
가	–	3	6	1	2
나	3	–	1	2	1
다	6	1	–	3	2
라	1	2	3	–	1
마	2	1	2	1	–

49 가팀과 다팀을 인터넷 연결하기 위해 필요한 최소의 시간은?

① 7시간   ② 6시간

③ 5시간   ④ 4시간

⑤ 3시간

50 다팀과 마팀을 인터넷 연결하기 위해 필요한 최소의 시간은?

① 1시간   ② 2시간

③ 3시간   ④ 4시간

⑤ 5시간

1 밑줄 친 단어의 맞춤법이 옳은 것은?

① 그대와의 추억이 <u>있으매</u> 저는 행복하게 살아갑니다.

② 신제품을 <u>선뵀어도</u> 매출에는 큰 영향이 없을 거예요.

③ 생각지 못한 일이 자꾸 생기니 그때의 상황이 참 <u>야속터군요.</u>

④ 그 발가숭이 몸뚱이가 위로 번쩍 쳐들렸다가 물속에 텀벙 <u>쳐박히는</u> 순간이었습니다.

⑤ 하늘이 뚫린 것인지 <u>몇 날 몇 일</u>을 기다려도 비는 그치지 않았다.

2 밑줄 친 단어 중 우리말의 어문 규정에 따라 맞게 쓴 것은?

① <u>윗층</u>에 가 보니 전망이 정말 좋다.

② <u>뒷편</u>에 정말 오래된 감나무가 서 있다.

③ 그 일에 <u>익숙지</u> 못하면 그만 두자.

④ <u>생각컨대</u>, 그 대답은 옳지 않을 듯하다.

⑤ <u>윗어른</u>의 말씀은 잘 새겨들어야 한다.

3   다음 중 제시된 문장의 빈칸에 들어갈 단어로 알맞은 것을 고르시오.

> • 환전을 하기 위해 현금을 ( )했다.
> • 장기화 되던 법정 다툼에서 극적으로 합의가 ( )되었다.
> • 회사 내의 주요 정보를 빼돌리던 스파이를 ( )했다.

① 입출(入出) – 도출(導出) – 검출(檢出)　　　② 입출(入出) – 검출(檢出) – 도출(導出)
③ 인출(引出) – 도출(導出) – 색출(索出)　　　④ 인출(引出) – 검출(檢出) – 색출(索出)
⑤ 수출(輸出) – 도출(導出) – 검출(檢出)

4   다음 중 밑줄 친 부분과 같은 의미로 쓰인 것은?

> 　19세기 인상파의 출현으로 인해 서양미술사는 빛과 관련하여 또 한 번 중요하고도 새로운 전기를 맞게 된다. 인상파 화가들은 광학 지식의 발달에 힘입어 사물의 색이 빛의 반사에 의해 생긴 것이라는 사실을 알게 되었다. 이것은 빛의 밝기나 각도, 대기의 흐름에 따라 사물의 색이 변할 수 있음을 의미한다. 이러한 사실에 대한 깨달음은 고정 불변하는 사물의 고유색이란 존재하지 않는다는 인식으로 이어졌다. 이제 화가가 그리는 것은 사물이 아니라 사물에서 반사된 빛이며, 빛의 운동이 되어 버렸다. 인상파 화가들은 빛의 효과를 극대화하기 위해 같은 주황색이라도 팔레트에서 빨강과 노랑을 섞어 주황색을 만들기보다는 빨강과 노랑을 각각 화포에 칠해 멀리서 볼 때 섞이게 함으로써 훨씬 채도가 높은 주황색을 만드는 것을 선호했다. 인상파 화가들은 이처럼 자연을 빛과 대기의 운동에 따른 색채 현상으로 보고 순간적이고 찰나적인 빛의 표현에 모든 것을 바침으로써 매우 유동적이고 변화무쌍한 그림을 창조해 냈다.
> 　지금까지 살펴본 대로, 서양화가들은 빛에 대한 관찰과 실험을 통해 회화의 깊이와 폭을 확장시켰다. 그 과정에서 빛이 단순히 물리적 현상으로서만 아니라 심리적 현상으로도 체험된다는 사실을 발견하였다. 인상파 이후에도 빛에 대한 탐구와 표현은 다양한 측면에서 시도되고 있다. 따라서 빛을 중심으로 서양화를 감상하는 것도 그림이 주는 감동에 <u>젖을</u> 수 있는 훌륭한 방법이 될 수 있다.

① 안개 속에 잠긴 들이 비에 <u>젖고</u> 있었다.
② 귀에 <u>젖은</u> 아버지의 노랫가락이 들려 왔다.
③ 그는 노을빛에 <u>젖은</u> 하늘을 보며 생각에 잠겼다.
④ 어젯밤 그는 묘한 슬픔에 <u>젖어</u> 잠을 이루지 못했다.
⑤ 지금 같은 시대에 봉건 사상에 <u>젖어</u> 있다니 말이 되는가?

5 다음 문장 또는 글의 빈칸에 어울리지 않는 단어를 고르시오.

> • 우리나라의 사회보장 체계는 사회적 위험을 보험의 방식으로 (   )함으로써 국민의 건강과 소득을 보장한다.
> • 혼자서 일상생활을 (   )하기 어려운 노인 등에게 신체활동 또는 가사노동에 도움을 준다.
> • 제조·판매업자가 장애인으로부터 서류일체를 위임받아 청구를 (   )하였을 경우 지급이 가능한가요?
> • 급속한 고령화에 능동적으로 (   )할 수 있는 능력을 배양해야 한다.
> • 고령 사회에 (   )해 제도가 맞닥뜨린 문제점을 정확히 인식하고 개선방안을 모색하는 것이 필요하다.

① 완수   ② 대비
③ 대행   ④ 수행
⑤ 대처

6 다음 글의 서술 방식에 대한 설명으로 옳지 않은 것은?

> 글로벌 광고란 특정 국가의 제품이나 서비스의 광고주가 자국 외의 외국에 거주하는 소비자들을 대상으로 하는 광고를 말한다. 브랜드의 국적이 갈수록 무의미해지고 문화권에 따라 차이가 나는 상황에서, 소비자의 문화적 차이는 글로벌 소비자 행동에 막대한 영향을 미친다고 할 수 있다. 또한 점차 지구촌 시대가 열리면서 글로벌 광고의 중요성은 더 커지고 있다. 비교문화연구자 드 무이는 "글로벌한 제품은 있을 수 있지만 완벽히 글로벌한 인간은 있을 수 없다"고 말하기도 했다. 오랫동안 글로벌 광고 전문가들은 광고에서 감성 소구 방법이 이성 소구에 비해 세계인에게 보편적으로 받아들여진다고 생각해 왔지만 특정 문화권의 감정을 다른 문화권에 적용하면 동일한 효과를 얻기 어렵다는 사실이 속속 밝혀지고 있다. 일찍이 홉스테드는 문화권에 따른 문화적 가치관의 다섯 가지 차원을 제시했는데 권력 거리, 개인주의−집단주의, 남성성−여성성, 불확실성의 회피, 장기지향성이 그것이다. 그리고 이 다섯 가지 차원은 국가 간 비교 문화의 맥락에서 글로벌 광고 전략을 전개할 때 반드시 고려해야 하는 기본 전제가 된다.
> 그렇다면 글로벌 광고의 표현 기법에는 어떤 것들이 있을까? 글로벌 광고의 보편적 표현 기법은 크게 공개 기법, 진열 기법, 연상전이 기법, 수업 기법, 드라마 기법, 오락 기법, 상상 기법, 특수효과 기법 등 여덟 가지로 나눌 수 있다.

① 용어의 정의를 통해 논지에 대한 독자의 이해를 돕고 있다.
② 기존의 주장을 반박하는 방식으로 논지를 펼치고 있다.
③ 의문문을 사용함으로써 독자들로 하여금 호기심을 유발시키고 있다.
④ 전문가의 말을 인용함으로써 글의 신뢰성을 높이고 있다.
⑤ 예시와 열거 등의 설명 방법을 구사하여 주장의 설득력을 높이고 있다.

7 다음 글을 순서대로 바르게 배열한 것은?

> ⊙ 적응의 과정은 북쪽의 문헌이나 신문을 본다든지 텔레비전, 라디오를 시청함으로써 이루어질 수 있는 극복의 원초적 단계이다.
> ⓛ 이질성의 극복을 위해서는 이질화의 원인을 밝히고 이를 바탕으로 해서 그것을 극복하는 단계로 나아가야 한다. 극복의 문제도 단계를 밟아야 한다. 일차적으로는 적응의 과정이 필요하다.
> ⓒ 남북의 언어가 이질화되었다고 하지만 사실은 그 분화의 연대가 아직 반세기에도 미치지 않았고 맞춤법과 같은 표기법은 원래 하나의 뿌리에서 갈라진 만큼 우리의 노력 여하에 따라서는 동질성의 회복이 생각 밖으로 쉬워질 수 있다.
> ⓔ 문제는 어휘의 이질화를 어떻게 극복할 것인가에 귀착된다. 우리가 먼저 밟아야 할 절차는 이질성과 동질성을 확인하는 일이다.

① ⓛ - ⊙ - ⓒ - ⓔ
② ⓛ - ⓒ - ⓔ - ⊙
③ ⓒ - ⓔ - ⓛ - ⊙
④ ⓔ - ⓛ - ⓒ - ⊙
⑤ ⓔ - ⓒ - ⓛ - ⊙

8 다음 글을 통해 알 수 없는 내용은?

> 희생제의란 신 혹은 초자연적 존재에게 제물을 바침으로써 인간 사회에서 발생하는 중요한 문제를 해결하려는 목적으로 이루어지는 의례를 의미한다. 이 제의에서는 제물이 가장 주요한 구성요소인데, 이때 제물은 제사를 올리는 인간들과 제사를 받는 대상 사이의 유대 관계를 맺게 해주어 상호 소통할 수 있도록 매개하는 역할을 수행한다.
>
> 희생제의의 제물, 즉 희생제물의 대명사로 우리는 '희생양'을 떠올린다. 이는 희생제물이 대게 동물일 것이라고 추정하게 하지만, 희생제물에는 인간도 포함된다. 인간 집단은 안위를 위협하는 심각한 위기 상황을 맞게 되면, 이를 극복하고 사회 안정을 회복하기 위해 처녀나 어린아이를 제물로 바쳤다. 이러한 사실은 인신공희(人身供犧) 설화를 통해 찾아볼 수 있다. 이러한 설화에서 인간들은 신이나 괴수에게 처녀나 어린아이를 희생제물로 바쳤다.
>
> 희생제의는 원시사회의 산물로 머문 것이 아니라 아주 오랫동안 동서양을 막론하고 여러 문화권에서 지속적으로 행해져 왔다. 이에 희생제의의 기원이나 형식을 밝히기 위한 종교현상학적 연구들이 시도되어 왔다. 그리고 인류학적 연구에서는 희생제의에 나타난 인간과 문화의 본질에 대한 탐색이 있어 왔다. 인류학적 관점의 대표적인 학자인 지라르는 「폭력과 성스러움」, 「희생양」 등을 통해 인간 사회의 특징, 사회 갈등과 그 해소 등의 문제를 '희생제의'와 '희생양'으로 설명했다.
>
> 인간은 끊임없이 타인과 경쟁하고 갈등하는 존재이다. 이러한 인간들 간의 갈등은 공동체 내에서 무차별적이면서도 심각한 갈등 양상으로 치닫게 되고 극도의 사회적 긴장 관계를 유발한다. 이때 다수의 사회 구성원들은 사회 갈등을 희생양에게 전이시켜 사회 갈등을 해소하고 안정을 되찾고자 하였다는 것이 지라르 논의의 핵심이다.
>
> 희생제의에서 희생제물로서 처녀나 어린아이가 선택되는 경우가 한국뿐 아니라 많은 나라에서도 발견된다. 처녀와 어린아이에게는 인간 사회의 세속적이고 부정적인 속성이 깃들지 않았다는 관념이 오래 전부터 지배적이었기 때문이다. 그러나 지라르는 근본적으로 이들이 희생제물로 선택된 이유를, 사회를 주도하는 주체인 성인 남성들이 스스로 일으킨 문제를 자신들이 해결하지 않고 사회적 역할 차원에서 자신들과 대척점에 있는 타자인 이들을 희생양으로 삼았기 때문인 것으로 설명하였다.

① 종교현상학적 연구는 인간 사회의 특성과 사회 갈등 형성 및 해소를 희생제의와 희생양의 관계를 통해 설명한다.

② 지라르에 의하면 다수의 사회 구성원들은 사회 갈등을 희생양에게 전이시킴으로써 사회 안정을 이루고자 하였다.

③ 희생제물을 통해 위기를 극복하고 사회의 안정을 회복하고자 한 의례 행위는 동양에 국한된 것이 아니다.

④ 지라르에 따르면 희생제물인 처녀나 어린아이들은 성인 남성들과 대척점에 있는 존재이다.

⑤ 인신공희 설화에서 희생제물인 어린아이들은 인간들과 신 혹은 괴수 간에 소통을 매개한다.

9 다음 글을 비판하는 내용으로 적절하지 못한 것은?

사이버공간은 관계의 네트워크이다. 사이버공간은 광섬유와 통신위성 등에 의해 서로 연결된 컴퓨터들의 물리적인 네트워크로 구성되어 있다. 그러나 사이버공간이 물리적인 연결만으로 이루어지는 것은 아니다. 사이버공간을 구성하는 많은 관계들은 오직 소프트웨어를 통해서만 실현되는 순전히 논리적인 연결이기 때문이다. 양쪽 차원 모두에서 사이버공간의 본질은 관계적이다.

인간 공동체 역시 관계의 네트워크에 위해 결정된다. 가족끼리의 혈연적인 네트워크, 친구들 간의 사교적인 네트워크, 직장 동료들 간의 직업적인 네트워크 등과 같이 인간 공동체는 여러 관계들에 의해 중첩적으로 연결되어 있다.

사이버공간과 마찬가지로 인간의 네트워크도 물리적인 요소와 소프트웨어적 요소를 모두 가지고 있다. 예컨대 건강관리 네트워크는 병원 건물들의 물리적인 집합으로 구성되어 있지만, 동시에 환자를 추천해주는 전문가와 의사들 간의 비물질적인 네트워크에 크게 의존한다.

사이버공간을 유지하려면 네트워크 간의 믿을 만한 연결을 유지하는 것이 결정적으로 중요하다. 다시 말해, 사이버공간 전체의 힘은 다양한 접속점들 간의 연결을 얼마나 잘 유지하느냐에 달려 있다. 이것은 인간 공동체의 힘 역시 접속점 즉 개인과 개인, 다양한 집단과 집단 간의 견고한 관계 유지에 달려 있다는 점을 보여준다. 사이버공간과 마찬가지로 인간의 사회 공간도 공동체를 구성하는 네트워크의 힘과 신뢰도에 결정적으로 의존한다.

---

① 사이버공간의 익명성이 인간 공동체에 위협이 될 수도 있음을 지적한다.
② 유의미한 비교를 하기에는 양자 간의 차이가 너무 크다는 것을 보여준다.
③ 네트워크의 개념이 양자의 비교 근거가 될 만큼 명확하지 않다는 것을 보여준다.
④ 사이버공간과 인간 공동체 간에 있다고 주장된 유사성이 실제로는 없음을 보여준다.
⑤ 사이버공간과 인간 공동체의 공통점으로 거론된 네트워크라는 속성이 유비추리를 뒷받침할 만한 적합성을 갖추지 못했음을 보여준다.

10 다음 글을 읽고 추론할 수 없는 내용은?

우리나라의 고분, 즉 무덤은 크게 나누어 세 가지 요소로 구성되어 있다. 첫째는 목관(木棺), 옹관(甕棺)과 같이 시신을 넣어두는 용기이다. 둘째는 이들 용기를 수용하는 내부 시설로 광(壙), 곽(槨), 실(室) 등이 있다. 셋째는 매장시설을 감싸는 외부 시설로 이에는 무덤에서 지상에 성토한, 즉 흙을 쌓아 올린 부분에 해당하는 분구(墳丘)와 분구 주위를 둘러 성토된 부분을 보호하는 호석(護石) 등이 있다.

일반적으로 고고학계에서는 무덤에 대해 '묘(墓)-분(墳)-총(塚)'의 발전단계를 상정한다. 이러한 구분은 성토의 정도를 기준으로 삼은 것이다. 매장시설이 지하에 설치되고 성토하지 않은 무덤을 묘라고 한다. 묘는 또 목관묘와 같이 매장시설, 즉 용기를 가리킬 때도 사용된다. 분은 지상에 분명하게 성토한 무덤을 가리킨다. 이 중 성토를 높게 하여 뚜렷하게 구분되는 대형 분구를 가리켜 총이라고 한다.

고분 연구에서는 지금까지 설명한 매장시설 이외에도 함께 묻힌 피장자(被葬者)와 부장품이 그 대상이 된다. 부장품에는 일상품, 위세품, 신분표상품이 있다. 일상품은 일상생활에 필요한 물품들로 생산 및 생활도구 등이 이에 해당한다. 위세품은 정치, 사회적 관계를 표현하기 위해 사용된 물품이다. 당사자 사이에만 거래되어 일반인이 입수하기 어려운 물건으로 피장자가 착장(着裝)하여 위세를 드러내던 것을 착장형 위세품이라고 한다. 생산도구나 무기 및 마구 등은 일상품이기도 하지만 물자의 장악이나 군사력을 상징하는 부장품이기도 하다. 이것들은 피장자의 신분이나 지위를 상징하는 물건으로 일상품적 위세품이라고 한다. 이러한 위세품 중에 6세기 중엽 삼국의 국가체제 및 신분질서가 정비되어 관등(官等)이 체계화된 이후 사용된 물품을 신분표상품이라고 한다.

① 묘에는 분구와 호석이 발견되지 않는다.
② 묘는 무덤의 구성요소뿐 아니라 무덤 발전단계를 가리킬 때에도 사용되는 말이다.
③ 피장자의 정치, 사회적 신분 관계를 표현하기 위해 장식한 칼을 사용하였다면 이는 위세품에 해당한다.
④ 생산도구가 물자의 장악이나 군사력을 상징하는 부장품에 사용되었다면, 이는 위세품이지 일상품은 아니다.
⑤ 성토를 높게 할수록 신분이 높다면, 같은 시대 같은 지역에 묻힌 두 피장자 중 분보다는 총에 묻힌 피장자의 신분이 높다.

11 다음에 설명된 '자연적'의 의미를 바르게 적용한 것은?

> 미덕은 자연적인 것이고 악덕은 자연적이지 않은 것이라는 주장보다 더 비철학적인 것은 없다. 자연이라는 단어가 다의적이기 때문이다. '자연적'이라는 말의 첫 번째 의미는 '기적적'인 것의 반대로서, 이런 의미에서는 미덕과 악덕 둘 다 자연적이다. 자연법칙에 위배되는 현상인 기적을 제외한 세상의 모든 사건이 자연적이다. 둘째로, '자연적'인 것은 '흔하고 일상적'인 것을 의미하기도 한다. 이런 의미에서 미덕은 아마도 가장 '비자연적'일 것이다. 적어도 흔하지 않다는 의미에서의 영웅적인 덕행은 짐승 같은 야만성만큼이나 자연적이지 못할 것이다. 세 번째 의미로서, '자연적'은 '인위적'에 반대된다. 행위라는 것 자체가 특정 계획과 의도를 지니고 수행되는 것이라는 점에서, 미덕과 악덕은 둘 다 인위적인 것이라 할 수 있다. 그러므로 '자연적이다', '비자연적이다'라는 잣대로 미덕과 악덕의 경계를 그을 수 없다.

① 수재민을 돕는 것은 첫 번째와 세 번째 의미에서 자연적이다.

② 논개의 살신성인적 행위는 두 번째와 세 번째 의미에서 자연적이지 않다.

③ 내가 산 로또 복권이 당첨되는 일은 첫 번째와 두 번째 의미에서 자연적이지 않다.

④ 벼락을 두 번이나 맞고도 살아남은 사건은 첫 번째와 두 번째 의미에서 자연적이다.

⑤ 개가 낯선 사람을 보고 짖는 것은 두 번째 의미에서는 자연적이지 않지만, 세 번째 의미에서는 자연적이다.

12 다음 문장들을 순서에 맞게 배열한 것을 고르시오.

> (가) 이 그림의 부제가 암시하듯, 그림 속의 사물들은 각각 인간의 오감을 상징한다. 당시 많은 화가들이 따랐던 도상적 관례에 의거하면, 붉은 포도주와 빵은 미각과 성찬을 상징한다. 카네이션은 그리스도의 수난과 후각을, 만돌린과 악보는 청각을 나타낸다. 지갑은 탐욕을, 트럼프 카드와 체스 판은 악덕을 상징하는데, 이들은 모두 촉각을 상징하기도 한다. 그림 오른편 벽에 걸려 있는 팔각형의 거울은 시각과 함께 교만을 상징한다.
>
> (나) 루뱅 보쟁의 〈체스 판이 있는 정물 – 오감〉에는 테이블 위로 몇 가지 물건들이 보인다. 흑백의 체스 판 위에는 카네이션이 꽂혀 있는 꽃병이 놓여 있다. 꽃병에 담긴 물과 꽃병의 유리 표면에는 이 그림 광원인 창문과 거기에서 나오는 다양한 빛의 효과가 미묘하게 표현되어 있다. 그 빛은 테이블 왼편 끝에 놓인 유리잔에도 반사될 뿐만 아니라, 술잔과 꽃병 사이에 놓인 흰 빵, 테이블 전면에 놓인 만돌린과 펼쳐진 악보, 지갑과 트럼프 카드에도 골고루 비치고 있다. 이처럼 보쟁은 섬세한 빛의 처리를 통해 물건들에 손으로 만지는 듯한 질감과 함께 시각적 아름다움을 부여했다.
>
> (다) 이와 같은 사물들의 다의적인 의미에도 불구하고, 당시 오감을 주제로 그린 다른 화가들의 작품들로부터 이 그림의 의미를 찾을 수 있다. 당시 대부분의 오감 정물화는 세상의 부귀영화가 얼마나 허망한지를 강조하며, 현실의 욕망에 집착하지 말고 영적인 성장을 위해 힘쓰라고 격려했다. 이 사실로부터 우리는 중세적 도상 전통에서 '일곱 가지 커다란 죄' 중의 교만을 상징하는 거울에 주목하게 된다. 이때 거울은 자기 자신의 인식, 깨어 있는 의식에 대한 필요성으로 이해된다. 그런 점에서 이 그림은 감각적인 온갖 악덕에 빠질 수 있는 자신을 가다듬고 경계하라는 의미를 암시하고 있다. 보쟁의 정물화 속에 그려진 하나하나의 감각을 음미하다 보면 매우 은은하고 차분한 느낌과 함께 일종의 명상에 젖게 된다.
>
> (라) 17세기 네덜란드의 경제가 급성장하고 부가 축적됨에 따라 새롭게 등장한 시민계급은 이전의 귀족과 성직자들이 즐기던 역사화나 종교화와는 달리 자신들에게 친근한 주제와 형식의 그림을 선호하게 되었다. 이러한 현실적이고 실용적인 취향에 따라 출현한 정물화는 새로운 그림 후원자들의 물질에 대한 태도를 반영했다. 화가들은 다양한 사물을 통해 물질적 풍요와 욕망을 그려 냈다. 동시에 그들은 그려진 사물을 통해 부와 화려함을 경계하는 기독교적 윤리관을 암시했다.

① (가) – (나) – (다) – (라) 　　② (나) – (다) – (가) – (라)

③ (나) – (가) – (라) – (다) 　　④ (다) – (라) – (나) – (가)

⑤ (라) – (나) – (가) – (다)

13 다음 글을 읽고 이 글을 뒷받침할 수 있는 주장으로 가장 적합한 것은?

X선 사진을 통해 폐질환 진단법을 배우고 있는 의과대학 학생을 생각해 보자. 그는 암실에서 환자의 가슴을 찍은 X선 사진을 보면서, 이 사진의 특징을 설명하는 방사선 전문의의 강의를 듣고 있다. 그 학생은 가슴을 찍은 X선 사진에서 늑골뿐만 아니라 그 밑에 있는 폐, 늑골의 음영, 그리고 그것들 사이에 있는 아주 작은 반점들을 볼 수 있다. 하지만 처음부터 그럴 수 있었던 것은 아니다. 첫 강의에서는 X선 사진에 대한 전문의의 설명을 전혀 이해하지 못했다. 그가 가리키는 부분이 무엇인지, 희미한 반점이 과연 특정질환의 흔적인지 전혀 알 수가 없었다. 전문의가 상상력을 동원해 어떤 가상적 이야기를 꾸며내는 것처럼 느껴졌을 뿐이다. 그러나 몇 주 동안 이론을 배우고 실습을 하면서 지금은 생각이 달라졌다. 그는 문제의 X선 사진에서 이제는 늑골 뿐 아니라 폐와 관련된 생리적인 변화, 흉터나 만성질환의 병리학적 변화, 급성질환의 증세와 같은 다양한 현상들까지도 자세하게 경험하고 알 수 있게 될 것이다. 그는 전문가로서 새로운 세계에 들어선 것이고, 그 사진의 명확한 의미를 지금은 대부분 해석할 수 있게 되었다. 이론과 실습을 통해 새로운 세계를 볼 수 있게 된 것이다.

① 관찰은 배경지식에 의존한다.
② 과학에서의 관찰은 오류가 있을 수 있다.
③ 과학 장비의 도움으로 관찰 가능한 영역은 확대된다.
④ 관찰정보는 기본적으로 시각에 맺혀지는 상에 의해 결정된다.
⑤ X선 사진의 판독은 과학데이터 해석의 일반적인 원리를 따른다.

14 다음을 읽고, 빈칸에 들어갈 내용으로 가장 알맞은 것을 고르시오.

슬로비치 모델은 과학기술 보도의 사회적인 증폭 양상에 보다 주목하는 이론이다. 이 모델은 언론의 과학기술 보도가 어떻게 사회적인 증폭 역할을 수행하게 되는지, 그리고 그 효과가 사회적으로 어떤 식으로 확대 재생산될 수 있는지를 보여 준다. 특정 과학기술 사건이 발생하면 뉴스 보도로 이어진다. 이때 언론의 집중 보도는 수용자 개개인의 위험 인지를 증폭시키며, 이로부터 수용자인 대중이 위험의 크기와 위험 관리의 적절성에 대하여 판단하는 정보 해석 단계로 넘어간다. 이 단계에서 이미 증폭된 위험 인지는 보도된 위험 사건에 대한 해석에 영향을 미쳐 _____. 이로 말미암은 부정적 영향은 그 위험 사건에 대한 인식에서부터 유관기관, 업체, 관련 과학기술 자체에 대한 인식에까지 미치게 되며, 또한 관련 기업의 매출 감소, 소송의 발생, 법적 규제의 강화 등의 다양한 사회적 파장을 일으키게 된다.

① 보도 대상에 대한 신뢰 훼손과 부정적 이미지 강화로 이어진다.
② 대중들로 하여금 잘못된 선택을 하게 한다.
③ 대중들의 선택에 모든 책임을 부여한다.
④ 언론에 대한 대중들의 신뢰가 무너지게 된다.
⑤ 특정 과학기술 사건에 대해 더 이상 신경을 쓰지 않게 된다.

15 다음 글을 읽고 알 수 있는 내용으로 적절하지 않은 것은 어느 것인가?

> 인공지능이란 인간처럼 사고하고 감지하고 행동하도록 설계된 일련의 알고리즘인데, 컴퓨터의 역사와 발전을 함께한다. 생각하는 컴퓨터를 처음 제시한 것은 컴퓨터의 아버지라 불리는 앨런 튜링(Alan Turing)이다. 앨런 튜링은 현대 컴퓨터의 원형을 제시한 인물로 알려져 있다. 그는 최초의 컴퓨터라 평가받는 에니악(ENIAC)이 등장하기 이전(1936)에 '튜링 머신'이라는 가상의 컴퓨터를 제시했다. 가상으로 컴퓨터라는 기계를 상상하던 시점부터 앨런 튜링은 인공지능을 생각한 것이다.
>
> 2016년에 이세돌 9단과 알파고의 바둑 대결이 화제가 됐지만, 튜링은 1940년대부터 체스를 두는 기계를 생각하고 있었다. 흥미로운 점은 튜링이 생각한 '체스 기계'는 경우의 수를 빠르게 계산하는 방식의 기계가 아니라 스스로 체스 두는 법을 학습하는 기계를 의미했다는 것이다. 요즘 이야기하는 머신러닝을 70년 전에 고안했던 것이다. 튜링의 상상을 약 70년 만에 현실화한 것이 '알파고'다. 이전에도 체스나 바둑을 두던 컴퓨터는 많았다. 하지만 그것들은 인간이 체스나 바둑을 두는 알고리즘을 입력한 것이었다. 이 컴퓨터들의 체스, 바둑 실력을 높이려면 인간이 더 높은 수준의 알고리즘을 제공해야 했다. 결국 이 컴퓨터들은 인간이 정해준 알고리즘을 수행하는 역할을 할 뿐이었다. 반면, 알파고는 튜링의 상상처럼 스스로 바둑 두는 법을 학습한 인공지능이다. 일반 머신러닝 알고리즘을 기반으로, 바둑의 기보를 데이터로 입력받아 스스로 바둑 두는 법을 학습한 것이 특징이다.

① 앨런 튜링이 인공지능을 생각해 낸 것은 컴퓨터의 등장 이전이다.
② 앨런 튜링은 세계 최초의 머신러닝 발명품을 고안해냈다.
③ 알파고는 스스로 학습하는 인공지능을 지녔다.
④ 알파고는 바둑을 둘 수 있는 세계 최초의 컴퓨터가 아니다.
⑤ 알파고는 입력된 알고리즘을 바탕으로 새로운 지능적 행위를 터득한다.

정보 사회라고 하는 오늘날, 우리는 실제적 필요와 지식 정보의 획득을 위해서 독서하는 경우가 많다. 일정한 목적의식이나 문제의식을 안고 달려드는 독서일수록 사실은 능률적인 것이다. 르네상스적인 만능의 인물이었던 괴테는 그림에 열중하기도 했다. 그는 그림의 대상이 되는 집이나 새를 더 관찰하기 위해서 그리는 것이라고, 의아해 하는 주위 사람에게 대답했다고 전해진다. 그림을 그리겠다는 목적의식을 가지고 집이나 꽃을 관찰하면 분명하고 세밀하게 그 대상이 떠오를 것이다. 마찬가지로 일정한 주제 의식이나 문제의식을 가지고 독서를 할 때, 보다 창조적이고 주체적인 독서 행위가 성립될 것이다.

오늘날 기술 정보 사회의 시민이 취득해야 할 상식과 정보는 무량하게 많다. 간단한 읽기, 쓰기와 셈하기 능력만 갖추고 있으면 얼마 전까지만 하더라도 문맹(文盲)상태를 벗어날 수 있었다. 오늘날 사정은 이미 동일하지 않다. 자동차 운전이나 컴퓨터 조작이 바야흐로 새 시대의 '문맹'탈피 조건으로 부상하고 있다. 현대인 앞에는 그만큼 구비해야 할 기본적 조건과 자질이 수없이 기다리고 있다.

사회가 복잡해짐에 따라 신경과 시간을 바쳐야 할 세목도 증가하게 마련이다. 그러나 어느 시인이 얘기한 대로 인간 정신이 마련해 낸 가장 위대한 세계는 언어로 된 책의 마법 세계이다. 그 세계 속에서 현명한 주민이 되기 위해서는 무엇보다도 자기 삶의 방향에 맞게 시간을 잘 활용해야 할 것이다.

16 윗글의 핵심내용으로 가장 적절한 것은?

① 현대인이 구비해야 할 조건
② 현대인이 다루어야 할 지식
③ 문맹상태를 벗어나기 위한 노력
④ 지식 정보 획득을 위한 독서
⑤ 주제의식이나 문제의식을 가진 독서

17 윗글의 내용과 일치하는 것은?

① 과거에는 간단한 읽기, 쓰기와 셈하기 능력만으로 문맹상태를 벗어날 수 있었다.
② 사회가 복잡해져도 신경과 시간을 바쳐야 할 세목은 일정하다.
③ 오늘날 기술 정보의 발달로 시민이 취득해야 할 상식과 정보는 적어졌다.
④ 실제적 필요와 지식 정보의 획득을 위해서 독서하는 것이 중요하다.
⑤ 주제 의식이나 문제의식에 의미를 두지 않고 독서를 해도 주체적인 독서 행위가 성립될 수 있다.

18 다음 글에 나타난 '플로티노스'의 견해와 일치하는 것은?

> 여기에 대리석 두 개가 있다고 가정해 보자. 하나는 거칠게 깎아낸 그대로이며, 다른 하나는 조각술에 의해 석상으로 만들어져 있다. 플로티노스에 따르면 석상이 아름다운 이유는, 그것이 돌이기 때문이 아니라 조각술을 통해 거기에 부여된 '형상' 때문이다. 형상은 그 자체만으로는 질서가 없는 질료에 질서를 부여하고, 그것을 하나로 통합하는 원리이다.
>
> 형상은 돌이라는 질료가 원래 소유하고 있던 것이 아니며, 돌이 찾아오기 전부터 돌을 깎는 장인의 안에 존재하던 것이다. 장인 속에 있는 이 형상을 플로티노스는 '내적 형상'이라 부른다. 내적 형상은 장인에 의해 돌에 옮겨지고, 이로써 돌은 아름다운 석상이 된다. 그러나 내적 형상이 곧 물체에 옮겨진 형상과 동일한 것은 아니다. 플로티노스는 내적 형상이 '돌이 조각술에 굴복하는 정도'에 응해서 석상 속에 내재하게 된다고 보았다.
>
> 그렇다면 우리가 어떤 석상을 '아름답다'고 느낄 때는 어떠한 일이 일어날까? 플로티노스는 우리가 물체 속의 형상을 인지하고, 이로부터 질료와 같은 부수적 성질을 버린 후 내적 형상으로 다시 환원할 때, 이 물체를 '아름답다'고 간주한다고 보았다. 즉, 내적 형상은 장인에 의해 '물체 속의 형상'으로 구현되고, 감상자는 물체 속의 형상으로부터 내적 형상을 복원함으로써 아름다움을 느끼는 것이다.

① 장인의 조각술은 질료에 내재되어 있던 '형상'이 밖으로 표출되도록 도와주는 역할을 한다.
② 물체에 옮겨진 '형상'은 '내적 형상'과 동일할 수 없으므로 질료 자체의 질서와 아름다움에 주목해야 한다.
③ 동일한 '내적 형상'도 '돌이 조각술에 굴복하는 정도'에 따라 서로 다른 '형상'의 조각상으로 나타날 수 있다.
④ 자연 그대로의 돌덩어리라 할지라도 감상자가 돌덩어리의 '내적 형상'을 복원해 낸다면 '아름답다'고 느낄 수 있다.
⑤ 감상자는 작품에 부수적 성질을 통합하고 질서를 부여함에 따라 '물체 속의 형상'을 환원시킨다.

다음 주어진 문장이 들어갈 위치로 가장 적절한 곳을 고르시오.

> 이것은 논리의 결함에서 오는 것이 아니라 사실에 관한 주장들조차도 이미 그 안에 '삶을 위한 것'이라는 대전제를 본질적으로 깔고 있기 때문이다.
>
> 서구 과학이 지닌 한 가지 중요한 특징은 이것이 당위성이 아닌 사실성으로 시작하고 사실성으로 끝난다는 점이다. 삶의 세계 안에서 당위성은 매우 중요한 것이지만, 이것은 학문 그 자체 속에서 자연스레 도출되는 것이 아니라 이를 활용하는 당사자가 별도로 끌어들여야 하는 것이다. 이 점에서 왕왕 혼동이 일어나기도 하지만 이는 이른바 '자연주의적 오류'라 하여 경계의 대상으로 삼고 있다. ㈎ 특히 자연과학의 논리적 구조를 살펴보면 이 속에 당위성이 끼어들 어떠한 공간도 허락되어 있지 않다. ㈏
>
> 그런데 매우 흥미롭게도 동양의 학문에서는 당위성과 사실성이 하나의 체계 속에 자연스럽게 서로 연결되고 있음을 볼 수 있다. ㈐ 동양에서 학문을 한다고 하면 선비를 떠올리는 것도 바로 이러한 데서 연유하게 된다. ㈑ 한편 동양 학문이 지닌 이러한 성격이 치르게 되는 대가 또한 적지 않다. 결국 물질세계의 질서를 물질세계만의 논리로 파악하는 체계, 곧 근대 과학을 이루는 데에 실패하고 만 것이다. ㈒

① ㈎

② ㈏

③ ㈐

④ ㈑

⑤ ㈒

20 다음 글을 통해 추론할 수 있는 내용으로 가장 적절한 것은?

카발리는 윌슨이 모계 유전자인 mtDNA 연구를 통해 발표한 인류 진화 가설을 설득력 있게 확인시켜 줄 수 있는 실험을 제안했다. 만약 mtDNA와는 서로 다른 독립적인 유전자 가계도를 통해서도 같은 결론에 도달할 수 있다면 윌슨의 인류 진화에 대한 가설을 강화할 수 있다는 것이다.

이에 언더힐은 Y염색체를 인류 진화 연구에 이용하였다. 그가 Y염색체를 연구에 이용한 이유가 있다. 그것은 Y염색체가 하나씩 존재하는 특성이 있어 재조합을 일으키지 않고, 그 점은 연구 진행을 수월하게 하기 때문이다. 그는 Y염색체를 사용한 부계 연구를 통해 윌슨이 밝힌 연구결과와 매우 유사한 결과를 도출했다. 언더힐의 가계도도 윌슨의 가계도와 마찬가지로 아프리카 지역의 인류 원조 조상에 뿌리를 두고 갈라져 나오는 수형도였다. 또 그 수형도는 인류학자들이 상상한 장엄한 떡갈나무가 아니라 윌슨이 분석해 놓은 약 15만 년밖에 안 된 키 작은 나무와 매우 유사하였다.

별개의 독립적인 연구로 얻은 두 자료가 인류의 과거를 똑같은 모습으로 그려낸다면 그것은 대단한 설득력을 지닌다. mtDNA와 같은 하나의 영역만이 연구된 상태에서는 그 결과가 시사적이기는 해도 결정적이지는 않다. 그 결과의 양상은 단지 DNA의 특정 영역에 일어난 특수한 역사만을 반영하는 것일 수도 있기 때문이다. 하지만 언더힐을 Y염색체에서 유사한 양상을 발견함으로써 그 불완전성은 크게 줄어들었다. 15만 년 전에 아마도 전염병이나 기후 변화로 인해 유전자 다양성이 급격하게 줄어드는 현상이 일어났을 것이다.

① 윌슨의 mtDNA 연구결과는 인류 진화 가설에 대한 결정적인 증거였다.
② 부계 유전자 연구와 모계 유전자 연구를 통해 얻은 각각의 인류 진화 수형도는 매우 비슷하다.
③ 윌슨과 언더힐의 연구결과는 현대 인류 조상의 기원에 대한 인류학자들의 견해를 뒷받침한다.
④ 언더힐은 우리가 갖고 있는 Y염색체 연구를 통해 인류가 아프리카에서 유래했다는 것을 부정했다.
⑤ 언더힐이 Y염색체를 인류 진화 연구에 이용한 것은 염색체 재조합으로 인해 연구가 쉬워졌기 때문이다.

21 어느 가게에서 개업 30주년을 맞이하여 가방은 30% 할인하고, 모자는 15% 할인하여 판매하기로 하였다. 할인하기 전 가방과 모자의 판매 가격의 합은 58,000원이고, 할인한 후 가방과 모자의 판매 가격의 합은 43,000원일 때, 할인하기 전 가방의 판매 가격은?

① 25,000원
② 28,000원
③ 30,000원
④ 42,000원
⑤ 45,000원

22 유자시럽 24g과 물 176g을 잘 섞은 유자차에서 150g을 떠낸 후 몇 g의 물을 더 넣어야 8%의 유자차가 되는가?

① 20g

② 25g

③ 30g

④ 35g

⑤ 40g

23 같은 일을 A 혼자하면 12일, B 혼자하면 20일이 걸린다고 한다. A가 4일 동안 이 일을 하고 나서, A와 B가 함께 나머지 일을 모두 마치려면 며칠이 걸리겠는가?

① 2일

② 3일

③ 4일

④ 5일

⑤ 6일

24 원가가 100원인 물건이 있다. 이 물건을 정가의 20%를 할인해서 팔았을 때, 원가의 4%의 이익이 남게 하기 위해서는 원가에 몇 % 이익을 붙여 정가를 정해야 하는가?

① 10%

② 15%

③ 20%

④ 25%

⑤ 30%

25 농도가 3%로 오염된 물 30kg이 있다. 깨끗한 물을 채워서 오염물질의 농도를 0.5%p 줄이려고 한다. 깨끗한 물은 얼마나 더 넣어야 하는지 구하시오.

① 4kg

② 5kg

③ 6kg

④ 7kg

⑤ 8kg

26 2개의 주사위를 동시에 던질 때, 주사위에 나타난 숫자의 합이 7이 될 확률과 두 주사위가 같은 수가 나올 확률의 합은?

① $\dfrac{1}{12}$ ② $\dfrac{1}{2}$

③ $\dfrac{1}{7}$ ④ $\dfrac{1}{9}$

⑤ $\dfrac{1}{3}$

27 4명의 동업자 A, B, C, D가 하루 매출액을 나누었다. 가장 먼저 A는 10만 원과 나머지의 $\dfrac{1}{5}$을 먼저 받고, 다음에 B가 20만 원과 그 나머지의 $\dfrac{1}{5}$, 그 이후에 C가 30만 원과 그 나머지의 $\dfrac{1}{5}$, D는 마지막으로 남은 돈을 모두 받았다. A, B, C D 네 사람이 받은 액수가 모두 같았다면, 하루 매출액의 총액은 얼마인가?

① 100만 원   ② 120만 원
③ 140만 원   ④ 160만 원
⑤ 180만 원

28 반대 방향으로 A, B 두 사람이 3.6km/h로 달리는데 기차가 지나갔다. A를 지나치는데 24초, B를 지나치는데 20초가 걸렸을 때 기차의 길이는?

① 120m   ② 180m
③ 240m   ④ 300m
⑤ 360m

29 다음은 국내 온실가스 배출현황을 나타낸 표이다. 2021년 폐기물로 인한 온실가스 배출량은? (단, 총배출량 = 에너지 + 산업공정 + 농업 + 폐기물)

(단위 : 백만 톤 CO_2 eq.)

구분	2016년	2017년	2018년	2019년	2020년	2021년	2022년
에너지	467.5	473.9	494.4	508.8	515.1	568.9	597.9
산업공정	64.5	63.8	60.8	60.6	57.8	62.6	63.4
농업	22.0	21.8	21.8	21.8	22.1	22.1	22.0
폐기물	15.4	15.8	14.4	14.3	14.1	x	14.4
LULUCF	−36.3	−36.8	−40.1	−42.7	−43.6	−43.7	−43.0
순배출량	533.2	538.4	551.3	562.7	565.6	624.0	654.7
총배출량	569.4	575.3	591.4	605.5	609.1	667.6	697.7

① 14.0
② 14.1
③ 14.2
④ 14.3
⑤ 14.4

30 다음은 수도권의 일부 도로에 대한 자료이다. 외각순환도로 7km의 건설비는 얼마인가?

분류	도로수	총길이	건설비
고속화도로	7	80km	50억
외각순환도로	9	160km	300억
자동차전용도로	11	120km	200억
합계	27	360km	550억

① 약 13.3억 원
② 약 14.6억 원
③ 약 15.9억 원
④ 약 16.2억 원
⑤ 약 17.4억 원

┃31~32┃ 아래의 표는 2022년 교통사고로 인하여 발생한 사망자 수에 대한 자료이다. 다음 물음에 답하시오.

지역	성별	2022년	
		사망자 수(명)	십만 명 당 사망자 수(명)
서울	남	20,955	424.1
	여	16,941	330.2
대전	남	6,501	505.2
	여	5,095	423.0
대구	남	3,249	452.1
	여	2,904	390.2
광주	남	2,167	385.1
	여	1,948	352.5
부산	남	11,025	599.5
	여	8,387	470.2
전국	남	125,654	492.6
	여	115,450	421.8

31 다음 중 위 표에 대한 내용으로 옳지 않은 것은?

① 위의 표에서 남자의 십만 명 당 사망자 수가 많은 순서는 부산, 대전, 대구, 서울, 광주이다.

② 위의 표에서 여자의 십만 명 당 사망자 수가 가장 많은 곳은 서울이다.

③ 위의 표에서 남자의 사망자 수가 가장 적은 곳은 광주이다.

④ 십만 명 당 사망자 수가 가장 많은 지역은 부산 이다.

⑤ 위 표에 나와 있는 지역에서 사망자 수는 남자가 더 많다.

32 위 표를 이용하여 2022년의 서울시의 인구를 추정하면? (단, 천의 자리에서 반올림 한다.)

① 9,620,000명

② 9,810,000명

③ 10,070,000명

④ 10,320,000명

⑤ 10,650,000명

33 다음 〈표〉는 ○○공사의 사업별 투자액 및 투자전망에 대한 자료이다. 이에 대한 설명으로 옳은 것을 고르시오.

〈○○공사 사업별 투자액 및 투자전망〉

(단위 : 억 원)

부서 \ 연도	2020	2021	2022	2030(예상)	2040(예상)
운송정보부	10.9	13.1	14.5	22.0	40.5
연구혁신처	21.0	24.0	27.7	41.4	83.2
전기운용부	5.6	6.5	7.3	9.9	18.2
휴먼안전센터	2.4	2.8	3.2	4.8	9.9
전체	39.9	46.4	52.7	78.1	151.8

① 2021년 증가율이 가장 큰 부서는 연구혁신처이다.

② 2030년 전체 위 부서의 사업별 투자액 및 투자전망에서 '운송정보부' 유형이 차지하는 비중은 30% 이하일 것으로 전망된다.

③ 2030~2040년 동안 '휴먼안전센터'의 투자전망은 매년 30% 이상 증가할 것으로 전망된다.

④ 2020년 대비 2040년 사업별 투자액 및 투자전망에서 증가율이 가장 높을 것으로 전망되는 시설유형은 '연구혁신처'이다.

⑤ 2020~2022년 동안 '전기운용부'의 사업별 투자액은 매년 15% 이상 증가하였다.

34 다음 표는 A, B 두 목격자의 도주자 성별에 대한 판정의 정확성을 정리한 것이다. 아래의 기술 중 옳은 것을 모두 고르면?

〈표 1〉 A 목격자

실제성별 〳 A의 결정	여자	남자	합
여자	35	15	50
남자	25	25	50
합	60	40	100

〈표 2〉 B 목격자

실제성별 〳 B의 결정	여자	남자	합
여자	20	30	50
남자	5	45	50
합	25	75	100

㉠ 전체 판정성공률은 B가 A보다 높다.
㉡ 실제 도주자가 여성일 때 판정성공률은 B가 A보다 높다.
㉢ 실제 도주자가 남성일 때 판정성공률은 B가 A보다 높다.
㉣ A, B 모두 여성 도주자에 대한 판정성공률이 남성 도주자에 대한 판정성공률보다 높다.

① ㉠
② ㉠, ㉡
③ ㉠, ㉢
④ ㉠, ㉡, ㉢
⑤ ㉡, ㉢, ㉣

35 다음 표는 세계반도체 사업체의 세계시장 점유율 추이를 나타낸 것이다. A사의 점유율 증가율이 가장 큰 해는 언제인가?

구분	2017년	2018년	2019년	2020년	2021년
A사	5.8	6.1	6.5	7.2	7.9
B사	4.0	3.9	3.8	3.7	3.5
C사	3.0	3.3	2.9	2.7	2.6

① 2018년

② 2019년

③ 2020년

④ 2021년

⑤ 알 수 없다.

36 다음 표는 우리나라 부패인식지수(CPI)연도별 변동 추이에 대한 표이다. 다음 중 옳지 않은 것은?

구분		2015	2016	2017	2018	2019	2020	2021
CPI	점수	4.5	5.0	5.1	5.1	5.6	5.5	5.4
	조사대상국	146	159	163	180	180	180	178
	순위	47	40	42	43	40	39	39
	백분율	32.3	25.2	25.8	23.9	22.2	21.6	21.9
OECD	회원국	30	30	30	30	30	30	30
	순위	24	22	23	25	22	22	22

※ 0~10점 : 점수가 높을수록 청렴

① CPI를 확인해 볼 때, 우리나라는 다른 해에 비해 2019년도에 가장 청렴하다고 볼 수 있다.

② CPI 순위는 2020년에 처음으로 30위권에 진입했다.

③ 청렴도가 가장 낮은 해와 2021년도의 청렴도 점수의 차이는 0.9점이다.

④ OECD 순위는 2015년부터 현재까지 상위권이라 볼 수 있다.

⑤ 우리나라의 평균 CPI 점수는 5.2점 이하이다.

37 다음은 공급원별 골재채취 현황(구성비)에 대한 표이다. 이에 대한 해석으로 옳지 않은 것은?

구분	2016	2017	2018	2019	2020	2021
하천골재	16.6	19.8	21.3	14.8	17.0	9.9
바다골재	25.7	20.1	17.6	25.6	25.0	31.1
산림골재	48.8	53.1	54.5	52.5	52.0	53.4
육상골재	8.9	7.0	6.6	7.1	6.0	5.6
합계	100.0	100.0	100.0	100.0	100.0	100.0

① 하천골재가 차지하는 비중은 2018년에 가장 높고, 2021년에 가장 낮다.

② 다른 골재에 비해 산림골재가 차지하는 비중이 가장 높다.

③ 2018년 산림골재가 차지하는 비중은 2016년 육상골재가 차지하는 비중의 8배 이상이다.

④ 2020년과 비교했을 때, 바다골재는 2021년에 차지하는 비중이 6.1% 증가했다.

⑤ 2020년에 하천골재의 비중은 육상골재의 비중의 2배 이상이다.

38 우리 학교 교내 마라톤 코스에 대한 다음 명제 중 세 개는 참이고 나머지 하나는 거짓이다. 이때 항상 옳은 것은?

> Ⅰ. 우리 학교 교내 마라톤 코스는 5km이다.
> Ⅱ. 우리 학교 교내 마라톤 코스는 6km이다.
> Ⅲ. 우리 학교 교내 마라톤 코스는 7km가 아니다.
> Ⅳ. 우리 학교 교내 마라톤 코스는 8km가 아니다.

① Ⅰ은 참이다.　　　　　　　　② Ⅰ은 거짓이다.

③ Ⅱ은 참이다.　　　　　　　　④ Ⅲ은 참이다.

⑤ Ⅳ은 거짓이다.

39 서초고 체육 대회에서 찬수, 민경, 석진, 린 네 명이 달리기를 하였는데 네 사람의 성은 가나다라 순으로 "강", "김", "박", "이"이다. 다음을 보고 성과 이름이 맞게 연결된 것을 고르면?

- 강 양은 "내가 넘어지지만 않았어도…"라며 아쉬워했다.
- 석진이는 성이 "이"인 사람보다 빠르지만, 민경이 보다는 늦다.
- 자기 딸이 1등을 했다고 아버지 "김"씨는 매우 기뻐했다.
- 찬수는 꼴찌가 아니다.
- 민경이와 린이만 여자이다.

① 이찬수, 김민경, 박석진, 강린　　　　② 김찬수, 이민경, 강석진, 박린

③ 박찬수, 강민경, 이석진, 김린　　　　④ 김찬수, 박민경, 강석진, 이린

⑤ 강찬수, 김민경, 이석진, 박린

40 다음 주어진 내용을 모두 고려하였을 때 A, B, C, D, E를 몸무게가 무거운 사람부터 나열하였을 때 C는 몇 번째에 해당하는가?

　A, B, C, D, E가 신체검사를 한 결과는 다음과 같다.
- D는 E보다 키도 크고 몸무게도 많이 나간다.
- A는 E보다 키는 크지만 몸무게는 적게 나간다.
- C의 키는 E보다 작으며, A의 몸무게가 가장 적게 나가는 것은 아니다.
- B는 A보다 몸무게가 많이 나간다.

① 첫 번째　　　　　　　　　　　② 두 번째

③ 세 번째　　　　　　　　　　　④ 네 번째

⑤ 다섯 번째

41 홍보팀에서는 신입사원 6명(A, B, C, D, E, F)을 선배 직원 3명(갑, 을, 병)이 각각 2명씩 맡아 문서작성 및 결재 요령에 대하여 1주일 간 교육을 실시하고 있다. 다음 조건을 만족할 때, 신입사원과 교육을 담당한 선배 직원의 연결에 대한 설명이 올바른 것은?

- B와 F는 같은 조이다.
- 갑은 A에게 문서작성 요령을 가르쳐 주었다.
- 을은 C와 F에게 문서작성 및 결재 요령에 대하여 가르쳐 주지 않았다.

---

① 병은 A를 교육한다.
② D는 을에게 교육을 받지 않는다.
③ C는 갑에게 교육을 받는다.
④ 을은 C를 교육한다.
⑤ 갑과 병 중에 E를 교육하는 사람이 있다.

42 S씨는 자신의 재산을 운용하기 위해 자산에 대한 설계를 받고 싶어 한다. S씨는 자산 설계사 A ~ E를 만나 조언을 들었다. 그런데 이들 자산 설계사들은 주 투자처에 대해서 모두 조금씩 다르게 추천을 해주었다. 해외펀드, 해외부동산, 펀드, 채권, 부동산이 그것들이다. 다음을 따를 때, A와 E가 추천한 항목은?

- S씨는 A와 D와 펀드를 추천한 사람과 같이 식사를 한 적이 있다.
- 부동산을 추천한 사람은 A와 C를 개인적으로 알고 있다.
- 채권을 추천한 사람은 B와 C를 싫어한다.
- A와 E는 해외부동산을 추천한 사람과 같은 대학에 다녔었다.
- 해외펀드를 추천한 사람과 부동산을 추천한 사람은 B와 같이 한 회사에서 근무한 적이 있다.
- C와 D는 해외부동산을 추천한 사람과 펀드를 추천한 사람을 비난한 적이 있다.

---

① 펀드, 해외펀드   ② 채권, 펀드
③ 부동산, 펀드   ④ 채권, 부동산
⑤ 펀드, 부동산

43 다음 〈조건〉을 통해 a, b에 대해 바르게 설명한 것은?

> a. 목걸이가 없는 사람은 팔찌도 없다.
> b. 귀걸이가 없는 사람은 항상 팔찌는 있고, 반지는 없다.

> 〈조건〉
> ㉠ 목걸이가 있는 사람은 팔찌도 있다.
> ㉡ 팔찌가 없는 사람은 귀걸이가 있다.
> ㉢ 귀걸이가 없는 사람은 반지가 없다.

① a만 항상 옳다.
② b만 항상 옳다.
③ a와 b 모두 옳다.
④ a와 b 모두 그르다.
⑤ a와 b 모두 옳고 그른지 알 수 없다.

44 다음 주어진 조건이 모두 참일 때 항상 옳은 것은?

> • 비가 오면 우산을 챙긴다.
> • 눈이 오면 도서관에 간다.
> • 내일 강수 확률은 40%이다.
> • 기온이 영하이면 눈이 오고, 영상이면 비가 온다.
> • 내일 기온이 영하일 확률은 80%이다.

① 내일 우산을 챙길 확률은 8%이다.
② 내일 우산을 챙길 확률은 12%이다.
③ 내일 우산을 챙길 확률은 20%이다.
④ 내일 도서관에 갈 확률은 70%이다.
⑤ 내일 도서관에 갈 확률은 80%이다.

45 다음은 세계 최대 규모의 종합 · 패션 · 의류기업인 I사의 대표 의류 브랜드의 SWOT분석이다. 다음 보기의 설명 중 옳지 않은 것은?

강점(STRENGH)	약점(WEAKNESS)
• 디자인과 생산과정의 수직 계열화 • 제품의 빠른 회전율 • 세련된 디자인과 저렴한 생산 비용	• 디자인에 대비되는 다소 낮은 품질 • 광고를 하지 않는 전략으로 인한 낮은 인지도
기회(OPPORTUNITY)	위협(THREAT)
• SPA 브랜드 의류 시장 성장 • 진출 가능한 다수의 국가	• 후발 경쟁 브랜드의 등장 • 목표 세그먼트에 위협이 되는 경제 침체

① SO 전략 – 경쟁이 치열한 지역보다는 빠른 생산력을 이용하여 신흥시장을 개척하여 점유율을 높힌다.

② ST 전략 – 시장에서 높은 점유율을 유지하기 위하여 광고비에 투자한다.

③ WO 전략 – 신흥 시장에서의 광고비 지출을 늘린다.

④ WT 전략 – 경제침체로 인한 소비가 줄어들기 때문에 디자인 비용을 낮춘다.

⑤ ST 전략 – 가격 경쟁력을 통하여 후발 경쟁회사들이 진입하지 못하도록 한다.

46 다음은 폐기물관리법의 일부이다. 제시된 내용을 참고할 때 옳은 것은?

제00조 이 법에서 말하는 폐기물이란 쓰레기, 연소재, 폐유, 폐알칼리 및 동물의 사체 등으로 사람의 생활이나 사업활동에 필요하지 않게 된 물질을 말한다.

제00조

① 도지사는 관할 구역의 폐기물을 적정하게 처리하기 위하여 환경부장관이 정하는 지침에 따라 10년마다 '폐기물 처리에 관한 기본계획'(이하 '기본계획'이라 한다)을 세워 환경부장관의 승인을 받아야 한다. 승인사항을 변경하려 할 때에도 또한 같다. 이 경우 환경부장관은 기본계획을 승인하거나 변경승인하려면 관계 중앙행정기관의 장과 협의하여야 한다.

② 시장·군수·구청장은 10년마다 관할 구역의 기본계획을 세워 도지사에게 제출하여야 한다.

③ 제1항과 제2항에 따른 기본계획에는 다음 각 호의 사항이 포함되어야 한다.

  1. 관할 구역의 지리적 환경 등에 관한 개황
  2. 폐기물의 종류별 발생량과 장래의 발생 예상량
  3. 폐기물의 처리 현황과 향후 처리 계획
  4. 폐기물의 감량화와 재활용 등 자원화에 관한 사항
  5. 폐기물처리시설의 설치 현황과 향후 설치 계획
  6. 폐기물 처리의 개선에 관한 사항
  7. 재원의 확보계획

제00조

① 환경부장관은 국가 폐기물을 적정하게 관리하기 위하여 전조 제1항에 따른 기본계획을 기초로 '국가 폐기물관리 종합계획'(이하 '종합계획'이라 한다)을 10년마다 세워야 한다.

② 환경부장관은 종합계획을 세운 날부터 5년이 지나면 그 타당성을 재검토하여 변경할 수 있다.

---

① 재원의 확보계획은 기본계획에 포함되지 않아도 된다.

② A도 도지사가 제출한 기본계획을 승인하려면, 환경부장관은 관계 중앙행정기관의 장과 협의를 거쳐야 한다.

③ 환경부장관은 국가 폐기물을 적정하게 관리하기 위하여 10년마다 기본계획을 수립하여야 한다.

④ B군 군수는 5년마다 종합계획을 세워 환경부장관에게 제출하여야 한다.

⑤ 기본계획 수립 이후 5년이 경과하였다면, 환경부장관은 계획의 타당성을 재검토하여 계획을 변경하여야 한다.

47 연중 가장 무더운 8월의 어느 날 우진이는 여자친구, 두 명의 조카들과 함께 서울고속버스터미널에서 출발하여 부산고속버스터미널까지 가는 왕복 프리미엄 고속버스로 휴가를 떠나려고 한다. 이 때 아래에 나타난 자료 및 조건을 토대로 우진이와 여자친구, 조카들의 프리미엄 고속버스의 비용을 구하면?

〈주어진 조건〉

• 조카 1(남 : 만 3세)
• 조카 2(여 : 만 6세)
• 서울에서 부산으로 가는 동안(하행선) 조카 1은 우진이의 무릎에 앉아서 가며, 반대로 부산에서 서울로 올라올 시(상행선)에는 좌석을 지정해서 간다.

〈자료〉

1. 서울-부산 간 프리미엄 고속버스 운임요금은 37,000원이다.
2. 만 4세 미만은 어른 요금의 75%를 할인 받는다.
3. 만 4~6세 사이는 어른 요금의 50%를 할인 받는다.
4. 만 4세 미만의 경우에는 승차권을 따로 구매하지 않고 해당 보호자와 함께 동승이 가능하다.

① 162,798원
② 178,543원
③ 194,250원
④ 205,840원
⑤ 231,980원

▮48~49▮ 인사팀에 근무하는 S는 2023년도에 새롭게 변경된 사내 복지 제도에 따라 경조사 지원 내역을 정리하는 업무를 담당하고 있다. 다음을 바탕으로 물음에 답하시오.

❏ 2023년도 변경된 사내 복지 제도

종류	주요 내용
주택 지원	• 사택 지원(가~사 총 7동 175가구) 최소 1년 최장 3년 • 지원 대상 – 입사 3년 차 이하 1인 가구 사원 중 무주택자(가~다동 지원) – 입사 4년 차 이상 본인 포함 가구원이 3인 이상인 사원 중 무주택자(라~사동 지원)
경조사 지원	• 본인/가족 결혼, 회갑 등 각종 경조사 시 • 경조금, 화환 및 경조휴가 제공
학자금 지원	• 대학생 자녀의 학자금 지원
기타	• 상병 휴가, 휴직, 4대 보험 지원

❏ 2023년도 1/4분기 지원 내역

이름	부서	직위	내역	변경 전	변경 후	금액(천원)
A	인사팀	부장	자녀 대학진학	지원 불가	지원 가능	2,000
B	총무팀	차장	장인상	변경 내역 없음		100
C	연구1팀	차장	병가	실비 지급	추가 금액 지원	50 (실비 제외)
D	홍보팀	사원	사택 제공(가-102)	변경 내역 없음		–
E	연구2팀	대리	결혼	변경 내역 없음		100
F	영업1팀	차장	모친상	변경 내역 없음		100
G	인사팀	사원	사택 제공(바-305)	변경 내역 없음		–
H	보안팀	대리	부친 회갑	변경 내역 없음		100
I	기획팀	차장	결혼	변경 내역 없음		100
J	영업2팀	과장	생일	상품권	기프트 카드	50
K	전략팀	사원	생일	상품권	기프트 카드	50

48 당신은 S가 정리해 온 2023년도 1/4분기 지원 내역을 확인하였다. 다음 중 잘못 구분된 사원은?

지원 구분	이름
주택 지원	D, G
경조사 지원	B, E, H, I, J, K
학자금 지원	A
기타	F, C

① B   ② D

③ F   ④ H

⑤ K

49 S는 2023년도 1/4분기 지원 내역 중 변경 사례를 참고하여 새로운 사내 복지 제도를 정리해 추가로 공시하려 한다. 다음 중 S가 정리한 내용으로 옳지 않은 것은?

① 복지 제도 변경 전후 모두 생일에 현금을 지급하지 않습니다.

② 복지 제도 변경 후 대학생 자녀에 대한 학자금을 지원해드립니다.

③ 변경 전과 달리 미혼 사원의 경우 입주 가능한 사택동 제한이 없어집니다.

④ 변경 전과 같이 경조사 지원금은 직위와 관계없이 동일한 금액으로 지원됩니다.

⑤ 변경 전과 달리 병가 시 실비 외에 5만 원을 추가로 지원합니다.

50 에너지 신산업에 대한 다음과 같은 정의를 참고할 때, 다음 중 에너지 신산업 분야의 사업으로 보기에 가장 적절하지 않은 것은 어느 것인가?

2015년 12월, 세계 195개국은 프랑스 파리에서 UN 기후변화협약을 체결, 파리기후변화협약에 따른 신기후체제의 출범으로 온실가스 감축은 선택이 아닌 의무가 되었으며, 이에 맞춰 친환경 에너지시스템 인 에너지 신산업이 대두되었다. 에너지 신산업은 기후변화 대응, 미래 에너지 개발, 에너지 안보, 수요 관리 등 에너지 분야의 주요 현안을 효과적으로 해결하기 위한 '문제 해결형 산업'이다. 에너지 신산업 정책으로는 전력 수요관리, 에너지관리 통합서비스, 독립형 마이크로그리드, 태양광 렌탈, 전기 차 서비스 및 유료충전, 화력발전 온배수열 활용, 친환경에너지타운, 스마트그리드 확산사업 등이 있다.

---

① 에너지 프로슈머 시장의 적극 확대를 위한 기반 산업 보강
② 전기차 확대보급을 실시하기 위하여 전기차 충전소 미비 지역에 충전소 보급 사업
③ 신개념 건축물에 대한 관심도 제고를 위한 고효율 제로에너지 빌딩 확대 사업
④ 폐열과 폐냉기의 재활용을 통한 에너지 사용량 감축과 친환경 에너지 창출 유도 산업
⑤ 분산형 전원으로 에너지 자립 도시 건립을 위한 디젤 발전기 추가 보급 사업

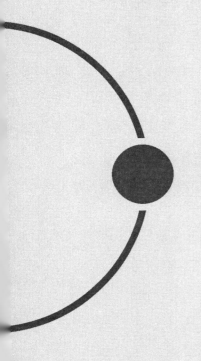

정답 및 해설

1	③	2	②	3	③	4	④	5	②	6	①	7	②	8	③	9	①	10	①
11	①	12	③	13	⑤	14	⑤	15	①	16	②	17	③	18	②	19	②	20	②
21	④	22	②	23	④	24	③	25	①	26	②	27	①	28	③	29	③	30	③
31	③	32	④	33	③	34	⑤	35	①	36	③	37	⑤	38	④	39	④	40	①
41	②	42	②	43	③	44	⑤	45	①	46	③	47	⑤	48	①	49	④	50	②

1. ③

③ '가엽다'는 '가엾다'와 함께 표준어로 쓰인다.
① 아지랑이 → 아지랑이 ② 상판때기 → 상판대기 ④ 가벼히 → 가벼이 ⑤ 느즈감치 → 느지감치

2. ②

이중피동은 피동이 한 번 더 쓰인 것을 의미하며, 이는 비문으로 간주된다.
㈎ 놓여진: 놓다 → 놓이다(피동) → 놓여지다(이중피동)
㈏ 맺혀졌다: 맺다 → 맺히다(피동) → 맺혀지다(이중피동)
㈐ 비워졌다: 비우다 → 비워지다(피동) → 비워졌다(과거형일 뿐, 이중피동이 아니다.)
㈑ 닫혀진: 닫다 → 닫히다(피동) → 닫혀지다(이중피동)
따라서 이중피동이 사용된 문장은 ㈎, ㈏, ㈑가 된다.

3. ③

격조 … 문예 작품 따위에서 격식과 운치에 어울리는 가락, 사람의 품격과 취향
① 고요한 마음으로 사물이나 현상을 관찰하거나 비추어 봄
② 사상이나 감정, 세력 따위가 한창 무르익거나 높아짐. 또는 그런 상태
④ 여럿이 함께 일을 할 때의 진행 속도나 조화(調和)
⑤ 힘을 보태어 도움

4. ④

④ '수나 분량, 시간 따위를 본디보다 많아지게 하다'라는 뜻의 '늘리다'가 적절하게 쓰였다.

① '가능한'은 그 뒤에 명사 '한'을 수식하여 '가능한 조건하에서'라는 의미로 사용한다. '가능한 빨리'와 같이 부사가 이어지는 것은 적절하지 않다.

② '아니하다(않다)'는 앞 용언의 품사를 따라가므로 '효과적이지 않은'으로 적는다.

③ '~에/에게 뒤지다'와 같이 쓰는데, '그들'이 사람이므로 '그들<u>에게</u>'로 쓴다.

⑤ '좇다'는 '어떤 대상을 잡거나 만나기 위하여 뒤를 급히 따르다.' 등의 뜻으로 쓰인다. '남의 의견이나 말을 따르다'는 뜻의 '좇다'라는 어휘로 쓴다.

5. ②

• 수립(樹立) : 국가나 정부, 제도, 계획 따위를 이룩하여 세움.

• 적립(積立) : 모아서 쌓아 둠.

• 확립(確立) : 체계나 견해, 조직 따위가 굳게 섬. 또는 그렇게 함.

6. ①

타고난 재능은 인정하지 않고 재능을 발휘한 노동의 부분에 대해서만 그 소득을 인정하게 된다면 특별나게 열심히 재능을 발휘할 유인을 찾기 어려워 결국 그 재능은 상당 부분 사장되고 말 것이다. 따라서 이러한 사회에서 ㉠과 같이 선천적 재능 경쟁이 치열해진다고 보는 의견은 글의 내용에 따른 논리적인 의견 제기로 볼 수 없다.

7. ②

필자가 언급하는 '능력'은 선천적인 것과 후천적인 것이 있다고 말하고 있으며, 후천적인 능력에 따른 결과에는 승복해야 하지만 선천적인 능력에 따른 결과에 대해서는 일정 부분 사회에 환원하는 것이 마땅하다는 것이 필자의 주장이다. 따라서 능력에 의한 경쟁 결과가 반드시 불평의 여지가 없이 공정하다고만은 볼 수 없다는 것이 필자의 견해라고 할 수 있다.

8. ③

비교우위에 의한 자유무역의 이득은 한 나라 내의 모든 경제주체가 혜택을 본다는 것을 뜻하지 않는다. 자유무역의 결과 어느 나라가 특정 재화를 수입하게 되면, 소비자는 보다 싼 가격으로 이 재화를 사용할 수 있게 되므로 이득을 보지만 이 재화의 국내 생산자는 손실을 입게 된다.

① 동일한 종류의 재화라 하더라도 나라마다 독특한 특색이 있게 마련이다. 따라서 자유무역은 각국 소비자들에게 다양한 소비 기회를 제공한다.

② 어느 나라가 비교우위가 있는 재화를 수출하게 되면 이 재화의 생산량은 세계시장을 상대로 크게 늘어난다. 이 경우 규모의 경제를 통해 생산비를 절감할 수 있게 된다.

④ 독과점의 폐해를 방지하려면 진입장벽을 없애 경쟁을 촉진하여야 한다. 따라서 자유무역은 경쟁을 활성화하여 경제 전체의 후생 수준을 높일 수 있다.

⑤ 자유무역은 나라간의 기술 이동이나 아이디어의 전파를 용이하게 하여 각국의 기술 개발을 촉진해주는 긍정적인 파급 효과를 발휘하기도 한다.

9. ①

제시문에서 신화는 문학적 장르에 한정되어 있음을 지적하고 보다 다양한 사유를 통해 문화를 활발한 모습으로 거듭나게 할 수 있다.

10. ①

문맥으로 보아 전염률, 점유율, 질병률은 전혀 관계가 없다. 유병률과 발병률은 다른 의미이며, 이 차이를 구분하는 것이 문제 해결의 관건이 될 수 있다. 유병률은 전체 인구 중 특정한 장애나 질병 또는 심리신체적 상태를 지니고 있는 사람들의 분율로서, 어느 시점 또는 어느 기간에 해당 장애나 질병, 심리신체적 상태를 지니고 있는 사람의 수를 전체 인구 수로 나누어 계산한다. 유병률은 이전부터 해당 장애가 있었든 아니면 해당 장애가 새로 생겼든 간에 현재 그 장애를 앓고 있는 모든 사람을 뜻하는 반면, 발병률 또는 발생률(incidence rate 또는 incidence)은 일정 기간 동안에 모집단 내에서 특정 질병을 새롭게 지니게 된 사람의 분율을 뜻한다. 유병은 집단 내의 개체 간 차이를 반영하는 현상이라는 점에서 발생과 구별된다. 발생은 한 개체 내에서 일어난 특정 상태의 변화를 말한다.

11. ①

전통은 과거로부터 이어온 것 중 현재의 문화 창조에 이바지할 수 있는 것만을 말한다. 인습이나 유물은 현재 문화 창조에 이바지할 수 없으므로 전통과는 구별되어야 한다는
것이 글의 중심 내용이다.

12. ③

승자의 저주는 경쟁을 통해 거래에 성공하였지만 오히려 큰 손실을 보게 되는 것을 의미한다. 그러나 ③의 경우, 경쟁이 있기는 하지만 거래 행위가 아니다.

13. ⑤

(마) 문제제시 – (나) 의견제시 – (라) 반론제기 – (가) (라)에 대한 반론 – (다) 해결방안 제시

14. ⑤

⑤ 개인적인 추측에 해당하므로 내포적인 사고의 예에 해당한다.
①②③④ 외연적인 사고의 사례

15. ①

① (가)에서 '기능론적 차원에서 자유의 소중함을 강조한다.'라고 했으므로 '기능론적 차원에서의 자유의 중요성'이 화제로 적절하다.
② (나)에서 밀은 '자유는 수단이 아니라 목적 그 자체라는 것'을 역설했다고 하였으므로 적절하다.
③ (다)에서 자유의 추구는 일정한 방향 아래 향유되는 것이 바람직하다고 하였으므로 '자유의 추구와 관련한 자유의 조건'을 화제로 볼 수 있다.
④ (라)에서 '자기 발전이라는 좋은 삶을 추구하기 위한 방향의 틀 안에서 자유를 마음껏 구가해야 한다는 것이다.'라고 했으므로 적절하다.
⑤ (마)에서 '이성의 지시에 의해 움직이는 자유만을 참된 자유로 간주해야 한다고 본다.'라고 했으므로 적절하다.

16. ②

② 주어진 글에 이어지는 내용은 과거의 독서방식에 대한 설명이어야 한다. (나)는 과거의 독서방식이 아니라 사용자로서 기능하는 현대의 독자에 대하여 설명하고 있다.

17. ③

③ 액체와 기체는 물질의 상태라는 한 영역 안에 있지만 물질의 상태에는 액체와 기체 외에도 고체 등이 존재하므로 상호 배타적이지 않다.
① 앞과 뒤는 방향 반의어이다.
② 삶과 죽음은 상보 반의어이다.
④ '크다'와 '작다'는 등급 반의어이다.
⑤ '오른쪽'과 '왼쪽'은 방향 반의어이다.

18. ②

② 수출과 내수 간 양극화 현상은 다양한 양극화 현상과 함께 선진국 진입의 걸림돌로 작용하는 요소이다.

19. ②

ⓜ 책임정당정부 이론이라는 화두 제시
ⓔ 책임정당정부 이론에 대한 설명
ⓖ 유럽에서 나타난 정당의 모습
ⓒ 대중정당의 모습
ⓛ 책임정당정부 이론을 뒷받침하는 대중정당

20. ②

'그림 이론'에 대한 설명에서 언어가 세계와 대응한다는 내용에 이어지는 문장이므로 ②번이 적절하다.

21. ④

단위시간당 배점은 A형 2.5점, B형 1.5점, C형 3점이다. C형 문제를 10분을 사용하고 30점을 획득할 수 있다. A형 문제를 40분을 사용하고 100점을 획득할 수 있다. 남은 70분 동안 B형 문제 17개를 풀면 102점을 획득할 수 있고, 2분이 남는다. A형 문제 하나를 포기하고 4분 동안 B형 문제 하나를 푸는 것이 더 높은 점수를 얻을 수 있다.
30 + 108 + 95 = 233

22. ②

두 자리 자연수를 $10a+b$라 하면 주어진 문제에 따라 다음이 성립한다.

$$\begin{cases} 2a = b+1 \\ 10b+a = (10a+b)+9 \end{cases} \Rightarrow \begin{cases} 2a-b=1 \\ 9a-9b=-9 \end{cases} \Rightarrow \begin{cases} 18a-9b=9 \\ 9a-9b=-9 \end{cases} \Rightarrow a=2, \ b=3$$

따라서 구하는 두 자리 자연수는 $10a+b=23$이다.

23. ④

멤버십의 등록 고객 수를 x라 하면

여성의 수는 $\dfrac{75}{100}x$, 남성의 수는 $\dfrac{25}{100}x$

여성 중에 우수고객은 $\dfrac{75}{100}x \times \dfrac{40}{100} = \dfrac{3,000}{10,000}x$

남성 중에 우수고객은 $\dfrac{25}{100}x \times \dfrac{30}{100} = \dfrac{750}{10,000}x$

우수고객 중 여성일 확률은 $\dfrac{\dfrac{3,000}{10,000}x}{\dfrac{3,000}{10,000}x+\dfrac{750}{10,000}x} = \dfrac{3,000}{3,750} = \dfrac{4}{5}$이므로 80%이다.

24. ③

$$v = \frac{s}{t}$$

A에서 B까지의 거리를 x라 하고, 시간을 a라 하면,

$$6 = \frac{x}{a} \ \cdots \ \text{㉠}$$

$$4 = \frac{x}{2.5-a} \ \cdots \ \text{㉡}$$

두 식을 연립하여 풀면, $a=1$, $x=6$이 된다.

25. ①

자식의 나이를 x라 하면, $(x+24-6) = 5(x-6)$

$48 = 4x$, $x = 12$

아버지의 나이는 $12+24 = 36$

∴ 아버지의 나이 36세, 자식의 나이는 12세

26. ②

순서를 고려하지 않고 3명을 뽑으므로

$$_5C_3 = \frac{5!}{3! \times (5-3)!}$$
$$= \frac{5 \times 4 \times 3 \times 2 \times 1}{3 \times 2 \times 1 \times 2 \times 1}$$
$$= 10(가지)$$

27. ①

50원 우표를 x개, 80원 우표를 y개라 할 때,

$x + y = 27 \cdots ㉠$

$(50x) \times 2 = 80y \cdots ㉡$

㉠에서 $y = 27 - x$를 ㉡에 대입하면

$100x = 80(27 - x)$

$180x = 2160$

$x = 12,\ y = 15$

28. ③

불량품 체크 전 생산라인 A의 일률 $= \frac{100}{4} = 25$개/시간, B의 일률은 $\frac{100}{2} = 50$개/시간

불량률을 감안한 생산일률 A $= 25 \times 0.8 = 20$개/시간, B $= 50 \times 0.9 = 45$개/사간

A, B를 동시에 가동하면 생산량이 20% 상승한다고 하였으므로 이 때의 일률을 구하면

$(20 + 45) \times 1.2 = 78$개/시간

A를 먼저 32시간 가동하면 생산량 $= 20 \times 32 = 640$

A, B를 동시에 가동했을 때 $10,000 - 640 = 9,360$개의 정상제품이 만들어 지므로 일률이 78을 넣어 시간을 구하면

$\frac{9,360}{78} = 120$시간

처음 32시간과 120시간을 더하면 총 가동시간인 152시간을 구할 수 있다.

29. ③

A의 매출액의 합계를 x, B의 매출액의 합계를 y로 놓으면

$x + y = 91$

$0.1x : 0.2y = 2 : 3 \rightarrow 0.3x = 0.4y$

$x + y = 91 \rightarrow y = 91 - x$

$0.3x = 0.4 \times (91 - x)$

$0.3x = 36.4 - 0.4x$

$0.7x = 36.4$

$\therefore x = 52$

$0.3 \times 52 = 0.4y \rightarrow y = 39$

x는 10% 증가하였으므로 $52 \times 1.1 = 57.2$

y는 20% 증가하였으므로 $39 \times 1.2 = 46.8$

두 기업의 매출액의 합은 $57.2 + 46.8 = 104$

30. ③

2021년 영향률 : $\dfrac{2,565}{17,734} \times 100 \fallingdotseq 14.5(\%)$

31. ③

2020년 수혜 근로자수 : $0.147 \times 17,510 \fallingdotseq 2,574 (=$ 약 257만 4천 명$)$

32. ④

④ 2021년 시간급 최저임금은 5,210원이고 전년대비 인상률은 7.20%이므로 2022년의 전년대비 인상률이 2021년과 같을 경우 시간급 최저임금은 $\dfrac{107.2}{100} \times 5,210 = 5,585.12 (=$ 약 5,585원$)$가 되어야 한다.

33. ③

3/4 분기 성과평가 점수는 $(10 \times 0.4) + (8 \times 0.4) + (10 \times 0.2) = 9.2$로, 성과평가 등급은 A이다. 성과평가 등급이 A이면 직전 분기 차감액의 50%를 가산하여 지급하므로, 2/4 분기 차감액인 20만 원($\because$ 2/4 분기 성과평가 등급 C)의 50%를 가산한 110만 원이 성과급으로 지급된다.

34. ⑤

각 노선의 건설비용과 사회적 손실비용을 구하면 다음과 같다.

노선	구분	비용
A	건설비용	$(1.2 \times 1,000) + (0.5 \times 200) + (8.3 \times 100) = 2,130$억 원
	사회적 손실비용	$20,000 \times 1,000 = 20,000,000$원
B	건설비용	$20 \times 100 = 2,000$억 원
	사회적 손실비용	$20,000 \times 1,000 \times 2 = 40,000,000$원
C	건설비용	$(0.8 \times 1,000) + (1.5 \times 200) + (12.7 \times 100) = 2,370$억 원
	사회적 손실비용	$20,000 \times 1,000 \times 1.5 = 30,000,000$원

35. ①

①②③ 매출량 증가폭 대비 매출이익의 증가폭은 기울기를 의미하는 것이다.

매출량을 x, 매출이익을 y라고 할 때,

A는 $y = 2x - (20,000 + 1.5x) = -20,000 + 0.5x$

B는 $y = 2x - (60,000 + 1.0x) = -60,000 + x$

따라서 A의 기울기는 0.5, B의 기울이는 1이 돼서 매출량 증가폭 대비 매출이익의 증가폭은 투자안 A가 투자안 B보다 항상 작다.

④⑤ A의 매출이익은 매출량 40,000일 때 0이고, B의 매출이익은 매출량이 60,000일 때 0이 된다. 따라서 매출이익이 0이 되는 매출량은 투자안 A가 투자안 B보다 작다.

36. ③

㉠ A의 매출이익
- 매출액$= 2 \times 60,000 = 120,000$
- 매출원가$= 20,000 + (1.5 \times 60,000) = 110,000$
- 매출이익$= 120,000 - 110,000 = 10,000$

㉡ B의 매출이익
- 매출액$= 2 \times 60,000 = 120,000$
- 매출원가$= 60,000 + (1.0 \times 60,000) = 120,000$
- 매출이익$= 120,000 - 120,000 = 0$

∴ 투자안 A가 투자안 B보다 크다.

37. ⑤

㉠ 청년층 중 사형제에 반대하는 사람 수(50명) > 장년층에서 반대하는 사람 수(25명)

㉡ B당을 지지하는 청년층에서 사형제에 반대하는 비율 : $\dfrac{40}{40+60}=40\%$

　B당을 지지하는 장년층에서 사형제에 반대하는 비율 : $\dfrac{15}{15+15}=50\%$

㉢ A당은 찬성 150, 반대 20, B당은 찬성 75, 반대 55의 비율이므로 A당의 찬성 비율이 높다.

㉣ 청년층에서 A당 지지자의 찬성 비율 : $\dfrac{90}{90+10}=90\%$

　청년층에서 B당 지지자의 찬성 비율 : $\dfrac{60}{60+40}=60\%$

　장년층에서 A당 지지자의 찬성 비율 : $\dfrac{60}{60+10}≒86\%$

　장년층에서 B당 지지자의 찬성 비율 : $\dfrac{15}{15+15}=50\%$

　따라서 사형제 찬성 비율의 지지 정당별 차이는 청년층보다 장년층에서 더 크다.

38. ④

1) A가 진실을 말할 때,

　A : 파란색 구슬, B : 파란색 구슬, C : 노란색 구슬

　이 경우, 빨간색 구슬을 가진 사람이 없어서 모순이다.

2) B가 진실을 말할 때,

　A : 빨간색 또는 노란색 구슬, B : 빨간색 또는 노란색 구슬, C : 노란색 구슬

　이 경우, 파란색 구슬을 가진 사람이 없어서 모순이다.

3) C가 진실을 말할 때,

　A : 빨간색 또는 노란색 구슬, B : 파란색 구슬, C : 빨간색 또는 파란색 구슬

　이로부터, A는 노란색 구슬, B는 파란색 구슬, C는 빨간색 구슬을 가지고 있다.

1), 2), 3)에 의하여 빨간색, 파란색, 노란색 구슬을 받은 사람을 차례로 나열하면 C, B, A이다.

39. ④

주어진 내용에 따라 정리해 보면 다음과 같음을 알 수 있다.

A집 다음에 B집을 방문하나 이어서 방문하지 않고, D집 다음에는 바로 C집을 방문한다.

그리고 E집을 A집 보다 먼저 방문하므로 E → A → D → C → B

40. ①

둥글게 앉은 자리를 일렬로 펼쳐 생각해 볼 수 있다.

최 차장과 남 대리가 마주보고 앉았다는 것은 이 두 사람을 기준으로 양쪽으로 두 개의 자리씩 있다는 것이 된다. 또한 오 부장과 박 과장이 나란히 앉아 있으므로 오 부장과 박 과장은 최 차장과 남 대리가 둘로 가른 양쪽 중 어느 한쪽을 차지하고 앉아 있게 된다.

남 대리가 양 사원의 오른쪽에 앉았다고 했으므로 양 사원의 왼쪽은 남은 조 사원이 앉게 되는 경우만 있게 됨을 알 수 있다. 따라서 오 부장과 박 과장의 정확한 자리만 결정되지 않았으며, 이를 오 부장을 중심으로 시계 방향으로 순서대로 정리하면, 오 부장 – 박 과장 – 남 대리 – 양 사원 – 조 사원 – 최 차장의 순서 또는 오 부장 – 남 대리 – 양 사원 – 조 사원 – 최 차장 – 박 과장의 순서가 됨을 알 수 있다. 결국 조 사원의 양 옆에는 두 가지 경우에 모두 양 사원과 최 차장이 앉아 있게 된다.

41. ②

외부환경요인 분석은 언론매체, 개인 정보망 등을 통하여 입수한 상식적인 세상의 변화 내용을 시작으로 당사자에게 미치는 영향을 순서대로, 점차 구체화하는 것이다. 내부환경과 외부환경을 구분하는 기준은 '나', '나의 사업', '나의 회사' 등 환경 분석 주체에 직접적인 관련성이 있는지 여부가 된다. 대내외적인 환경을 분석하기 위하여 이를 적절하게 구분하는 것이 매우 중요한 요소가 된다.

42. ②

저렴한 제품을 공급하는 것은 자사의 강점(S)이며, 이를 통해 외부의 위협요인인 대형 마트와의 경쟁(T)에 대응하는 것은 ST 전략이 된다.

① 직원 확보 문제 해결과 매출 감소에 대응하는 인건비 절감 등의 효과를 거둘 수 있어 약점과 위협요인을 최소화하는 WT 전략이 된다.

③ 자사의 강점과 외부환경의 기회 요인을 이용한 SO 전략이 된다.

④ 자사의 기회요인인 매장 앞 공간을 이용해 지역 주민 이동 시 쉼터를 이용할 수 있도록 활용하는 것은 매출 증대에 기여할 수 있으므로 WO 전략이 된다.

⑤ 고객 유치 노하우는 자사의 강점을 이용한 것이며, 이를 통해 편의점 이용률을 제고하는 것은 위협요인을 제거하는 것이 되므로 ST 전략이 된다.

43. ③

아르바이트 일수가 갑은 3일, 병은 2일임을 알 수 있다. 무는 갑이나 병이 아르바이트를 하는 날 항상 함께 한다고 했으므로 5일 내내 아르바이트를 하게 된다. 을과 정은 일, 월, 화, 목 4일간 아르바이트를 하게 된다. 병에 따라 갑이 아르바이트를 하는 요일이 달라지므로 아르바이트 하는 요일이 확정되는 사람은 세 명이다.

① 수요일에는 2명, 나머지 요일에는 4명으로 인원수는 확정된다.
② 갑은 3일, 을은 4일, 병은 2일, 무는 5일 이므로 갑과 을, 병과 정의 아르바이트 일수를 합한 값은 7로 같다.
④ 일별 인원수는 4명 또는 2명으로 모두 짝수이다.
⑤ 일요일에는 갑, 을, 정, 무 네 명으로 어느 경우에도 같다.

44. ⑤

• 블랙은 이 열이 실제로 온도계에 변화를 주지 않기 때문에 이를 '잠열(潛熱)'이라 불렀다.
  → ㉠ A의 온도계로는 잠열을 직접 측정할 수 없었다. (참)
• 눈이 녹는점에 있음에도 불구하고 많은 양의 뜨거운 물은 눈을 조금밖에 녹이지 못했다. 이는 잠열 때문이다.
  → ㉡ 얼음이 녹는점에 이르러도 완전히 녹지 않는 것은 잠열 때문이다. (참)
• A에서는 얼음이 녹으면서 생긴 물과 녹고 있는 얼음의 온도가 녹는점에서 일정하게 유지되었는데 이 상태는 얼음이 완전히 녹을 때까지 지속되었다.
  → ㉢ A의 얼음이 완전히 물로 바뀔 때까지, A의 얼음물 온도는 일정하게 유지된다. (참)

45. ①

주어진 조건을 잘 풀어보면 민수는 A기업에 다닌다, 영어를 잘하면 업무 능력이 뛰어나다, 업무 능력이 뛰어나지 못하면 영어를 못한다, 영어를 못하는 사람은 A기업에 다니지 않는다, A기업 사람은 영어를 잘한다. 전체적으로 연결시켜 보면 '민수 → A기업에 다닌다. → 영어를 잘한다. → 업무 능력이 뛰어나다.' 이므로 '민수는 업무 능력이 뛰어나다.'는 결론을 도출할 수 있다.

46. ③

바꿔드림론은 신용 상태가 좋지 않은 채무자를 대상으로 하기 때문에 신용 등급이 6~10등급 이내이어야 한다.

① 법정 최고 이자는 20%를 넘어가므로 금융채무 총액이 3천만 원을 초과하지 않는 지원 대상이 된다.

② 부양가족이 3명이며 급여소득이 4.5천만 원 이하이므로 지원 대상이 된다.

④ 신용대출금에 대한 연 18%는 고금리 채무이자이며 6개월 이상 상환 중이므로 지원 대상이 된다.

⑤ 연 급여소득 3.8천만 원이며 채무 총액이 40%를 넘지 않으므로 지원 대상이 된다.

47. ⑤

냉수의 부하시간대는 7월 1일부터 8월 31일까지에 속한 기간과 속하지 않은 기간으로 구분되며 속한 기간은 다시 정해진 시간대로 양분되어 차등 요금이 적용된다. 따라서 사계절로 구분되는 것은 아니다.

48. ①

공동난방비를 고려하지 않으므로 기본요금과 사용요금을 계산하면 다음과 같다.

A씨

기본요금 : $52.40 \times 100 = 5,240$ 원

사용요금 : 66.23 (동절기) $\times 500 = 33,115$ 원

합계 : 38,355 원

B씨

기본요금 : 3,822 원 (0 ~ 1,000Mcal/h)

사용요금 : 135.41×200 (첨두부하시간) $+ 104.16 \times 200$ (중간부하시간) $= 47,914$ 원

합계 : 51,736 원

따라서 A씨 요금 합계와 B씨의 요금 합계를 합하면 90,091 원이 된다.

49. ④

현수막을 제작하기 위해서는 라, 다, 마가 선행되어야 한다. 따라서 세미나 기본계획 수립(2일) + 세미나 발표자 선정(1일) + 세미나 장소 선정(3일) = 최소한 6일이 소요된다.

50. ②

각 작업에 걸리는 시간을 모두 더하면 총 11일이다.

제 02 회 │ 정답 및 해설

1	②	2	②	3	③	4	①	5	⑤	6	②	7	⑤	8	①	9	⑤	10	④
11	⑤	12	④	13	①	14	④	15	②	16	④	17	④	18	④	19	④	20	④
21	①	22	④	23	①	24	①	25	①	26	⑤	27	③	28	②	29	④	30	③
31	③	32	②	33	③	34	④	35	④	36	③	37	⑤	38	②	39	③	40	④
41	④	42	①	43	③	44	④	45	③	46	④	47	④	48	①	49	④	50	②

1. ②

②를 제외한 나머지는 관용구이다.
① 매우 걱정되고 불안스러워 마음을 놓지 못하다.
③ 결점이 없도록 잘 매만지고 보살피다.
④ 적극적으로 나서다.
⑤ 남의 말에 영향을 잘 받는다.

2. ②

사르는 → 사리는
• 사르다 : 불에 태워 없애다, 어떤 것을 남김없이 없애 버리다.
• 사리다 : 어떤 일에 적극적으로 나서지 않고 살살 피하며 몸을 아끼다.

3. ③

① 어떤 사상이나 이론, 현실, 사실, 진리 따위를 인정하지 않고 도외시함
② 자기의 뜻대로 자유로이 행동하지 못하도록 억지로 억누름
③ 사람이나 물건을 목적한 장소나 방향으로 이끎
④ 남의 영토나 권리, 재산, 신분 따위를 침노하여 범하거나 해를 끼침
⑤ 결단을 내려 처치하거나 처분함

4. ①

보기는 '원인'의 의미를 지닌 부사임을 나타내는 격조사이다.

② '처소'의 부사어임을 나타내는 격조사

③ '목표나 목적 대상'의 부사어임을 나타내는 격조사

④ '진행방향'의 부사어임을 나타내는 격조사

⑤ '시간'의 부사어임을 나타내는 격조사

5. ⑤

① 눈쌀 → 눈살

② 닥달하였다 → 닦달하였다

③ 졸였다 → 조렸다

④ 조랐다 → 졸았다

※ '졸이다'와 '조리다'

    ㉠ 졸이다 : 찌개, 국, 한약 따위의 물이 증발하여 분량이 적어지다. 또는 속을 태우다시피 초조해하다.

    ㉡ 조리다 : 양념을 한 고기나 생선, 채소 따위를 국물에 넣고 바짝 끓여서 양념이 배어들게 하다.

6. ②

'위로 끌어 올리다'의 뜻으로 사용될 때는 '추켜올리다'와 '추어올리다'를 함께 사용할 수 있지만 '실제보다 높여 칭찬하다'의 뜻으로 사용될 때는 '추어올리다'만 사용해야 한다.

① 쓰여지는 지 → 쓰이는지

③ 나룻터 → 나루터

④ 서슴치 → 서슴지

⑤ 또아리 → 똬리

7. ⑤

- 선약이 있어서 모임에 참석이 어렵게 되었다.
- 홍보가 부족했는지 사람들의 참여가 너무 적었다.
- 그 대회에는 참가하는 데에 의의를 두자.
- 손을 뗀다고 했으면 참견을 마라.
- 대중의 참여가 배제된 대중문화는 의미가 없다.
① 참여 : 어떤 일에 끼어들어 관계함
② 참석 : 모임이나 회의 따위의 자리에 참여함
③ 참가 : 모임이나 단체 또는 일에 관계하여 들어감
④ 참견 : 자기와 별로 관계없는 일이나 말 따위에 끼어들어 쓸데없이 아는 체하거나 이래라저래라 함
⑤ 참관 : 어떤 자리에 직접 나아가서 봄
※ '참여'는 '어떤 일에 관계하다'의 의미로서 쓰여 그 일의 진행 과정에 개입해 있는 경우를 드러내는 데에 쓰이는 것인데 반해서, '참석'은 모임이나 회의에 출석하는 것의 의미를 지니는 경우에 사용되며, '참가'는 단순한 출석의 의미가 아니라 '참여'의 단계로 들어가는 과정을 나타내는 것으로 이해하여 볼 수 있다.

8. ①

'보유 · 관리하는 정보만이 대상이므로 공공기관은 정보를 새로 작성(생성)하거나 취득하여 공개할 의무는 없음'이라고 언급되어 있으므로 정보 요청자의 요구에 맞게 새로 작성하여 공개할 의무는 없다.
② 공공기관이 자발적, 의무적으로 공개하는 것을 '정보제공'이라고 하며 요청에 의한 공개를 '청구공개'라 한다.
③ 법에 의해 보호받는 비공개 정보가 언급되어 있다.
④ 결재 또는 공람절차 완료 등 공식적 형식 요건 결여한 정보는 공개 대상 정보가 아니다.
⑤ 학술 · 연구의 목적도 아니며, 국내에 일정한 거주지가 없는 외국인은 정보 공개 요청 대상이 되지 않는다.

9. ⑤

필자는 현재 우리나라의 역간 거리가 타 비교대상에 비해 짧게 형성되어 있어 운행 속도 저하에 따른 속도경쟁력 약화를 문제점으로 지적하고 있다. 따라서 역간 거리가 현행보다 길어야 한다는 주장을 뒷받침할 수 있는 선택지 ① ~ ④와 같은 내용을 언급할 것으로 예상할 수 있다. 다만, 역세권 문제나 부동산 시장과의 연계성 등은 주제와의 관련성이 있다고 볼 수 없다.

10. ④

'구별하지 못하고 뒤섞어서 생각함'을 이르는 '혼동'은 올바르게 사용된 단어이며, '혼돈'으로 잘못 쓰지 않도록 주의한다.

① 최저임금 인상이 자영업자의 추가적인 인건비 인상을 발생시키는 원인이 된다는 내용이므로 '표출'이 아닌 '초래'하는 것이라고 표현해야 한다.

② 앞의 내용으로 보아 급하고 과도한 최저임금인상에 대한 수식어가 될 것이므로 '급격한'이 올바른 표현이다.

③ 최저임금인상 대신 그만큼에 해당하는 근로 장려세제를 '확대'하는 것의 의미를 갖는 문장이다.

⑤ 취업 의지가 낮은 노동자들을 노동시장으로 참여시킨다는 의미가 포함된 문장이므로 그대로 둔다는 의미의 '유보'가 아닌, '유인'이 적절한 표현이 된다.

11. ⑤

⑤ 블록체인이 공개적으로 분산되면 각 참여자는 블록체인의 모든 거래를 확인할 수 있다.

12. ④

㈔ 유명인 모델이 한 상품의 광고에만 지속적으로 나올 경우의 장점에 대해 말하고 있으므로 첫 문장의 다음에 바로 이어지는 것이 적절하다.

㈕ ㈔에 대한 부가적인 설명이다.

㈎ ㈔와 반대되는 사례를 들고 있다.

㈐ '하지만'이 나오는 것으로 보아, 앞의 내용에 대한 부정적인 내용이 온다는 것을 알 수 있다. 모델의 중복 출연에 대한 단점에 대한 내용이므로 ㈎의 뒤에 오게 된다.

㈏ 전체적인 결론에 대한 내용이다.

13. ①

② '작품2'는 회화적 이미지를 첨가하여 외형적 아름다움뿐만 아니라 글자가 나타내는 의미까지 시각화하여 전달하였으므로 글자가 나타내는 의미와 상관없이 글자를 작품의 재료로만 활용하고 있다고 볼 수 없다.

③ '작품3'은 글자의 의미와는 무관하게 글자의 형태만을 활용하여 제작자의 신선한 발상을 전달하기 위한 작품으로 타이포그래피의 조형적 기능에 중점을 둔 것이라고 할 수 있다.

④ '작품1'은 가독성을 중시하였으며 타이포그래피의 언어적 기능에 중점을 둔 것이라고 할 수 있다. 그러나 '작품2'는 타이포그래피의 조형적 기능에 중점을 두면서 글자의 의미를 시각화해 전달한 작품이다.

⑤ '작품3'은 조형적 기능에 중점을 두었지만 글자의 의미 전달을 돕고 있지는 않다.

14. ④

제시문의 마지막 문장에서 르네상스 시대의 화가들이 원근법을 사실적인 공간 표현의 수단으로 여기고 매우 중요시했음을 알 수 있다.
① 제시문을 통해서 파악할 수 있는 정보는 원근법이 브루넬레스키에 의해 만들어졌다는 것이다.
② 15세기의 원근법이란 경험적인 원근법이 아닌 수학적으로 계산된 공간의 재현 법칙이었다.
③ 15세기에 원근법이 발명되고 나서야 비로소 미술가들은 현실과 똑같은 공간을 화면에 옮겨 놓을 수 있게 되었다.
⑤ 단축법은 15세기 이전부터 사용되어 왔다.

15. ②

㈑는 '그것은'으로 시작하는데 '그것'이 무엇인지에 대한 설명이 필요하기 때문에 ㈑는 첫 번째 문장으로 올 수 없다. 따라서 첫 번째 문장은 ㈎가 된다. '겉모습'을 인물 그려내기라고 인식하기 쉽다는 일반적인 통념을 언급하는 ㈎의 다음 문장으로, '하지만'으로 연결하며 '내면'에 대해 말하는 ㈐가 적절하다. 또 ㈐ 후반부의 '눈에 보이는 것 거의 모두'를 ㈏에서 이어 받고 있으며, ㈏의 '공간'에 대한 개념을 ㈑에서 보충 설명하고 있다.

16. ④

① 단절 전 형성 방식은 이동단말기와 기존 기지국 간의 통화 채널이 단절되기 전에 새로운 기지국과의 통화 채널을 형성하는 방식이다.
   각 기지국이 같은 주파수를 사용하고 있다면, 그런 주파수 조정이 필요 없으며 새로운 통화 채널을 형성하고 나서 기존 통화 채널을 단절할 수 있다.
② 신호의 세기가 특정값 이하로 떨어지게 되면 핸드오버가 명령되어 이동단말기와 새로운 기지국 간의 통화 채널이 형성된다. 형성 전 단절 방식과 단절 전 형성 방식의 차이와는 상관 없다.
③ 새로운 기지국 간의 통화 채널이 형성되어야 함도 포함되어야 한다.
⑤ 핸드오버는 신호 세기가 특정값 이하로 떨어질 때 발생하는 것이지 이동단말기와 기지국 간 상대적 신호 세기와는 관계가 없다.

17. ④

여행을 일상의 권태로부터의 탈출과 해방의 이미지, 생존의 치욕을 견디게 할 수 있는 매혹과 자발적 잠정적 탈출이라고 하고 있다.

18. ④

㈐ 포인트 카드의 사용 사례를 보여주며 화제제시

㈏ 문제제기

㈎ 포인트 카드의 특성

㈑ '바가지 가격'의 개념

㈒ 포인트 카드에서 '바가지 가격'의 적용

19. ④

㉠ 사건의 확률로 미래를 예측 → 도박사의 오류가 아니다.

㉡ 도박사의 오류 B(확률이 낮은 사건이 일어난 것은 시행을 많이 해봤을 것이다)

㉢ 도박사의 오류는 특정사건을 예측하거나 과거를 추측하는 문제이지 확률이 높고 낮음을 추론하는 것이 아니다. 도박사의 오류 A, B 둘 다 아니다.

20. ④

뒤에 이어지는 문장에서 빈칸에 들어갈 문장을 부연설명하고 있다. 뒤에 이어지는 문장에서 '정확성은 마땅히 해야 하는 것이며, 칭찬할 것은 아니다.'라는 내용을 이야기 하고 있으므로, 이와 일치하는 내용은 ④번이다.

21. ①

두 개 모두 화이트 초콜릿일 확률 : $\dfrac{4}{6} \times \dfrac{4}{8} = \dfrac{1}{3}$

두 개 모두 다크 초콜릿일 확률 : $\dfrac{2}{6} \times \dfrac{4}{8} = \dfrac{1}{6}$

두 개 모두 화이트 초콜릿이거나 다크 초콜릿일 확률 : $\dfrac{1}{3} + \dfrac{1}{6} = \dfrac{1}{2}$

따라서 구하는 확률은 $1 - \dfrac{1}{2} = \dfrac{1}{2}$

22. ④

펜의 개수를 x, 연필의 개수를 y, 지우개의 개수를 z라고 할 때,

$x+y+z=40$
$y=x+5$
$z=y+3$
$x+(x+5)+(x+8)=3x+13=40$
$x=9, y=14, z=17$

23. ①

$100=7\times14+2$이므로 2일째 되는 날은 화요일이다.

따라서 1일째 되는 날은 월요일이다.

24. ①

$A=B+1 \cdots \bigcirc$
$C=B-4 \cdots \bigcirc$
$\dfrac{A+B+C}{3}=12$
$\therefore A+B+C=36$
$\bigcirc$과 $\bigcirc$을 대입하면,
$B+1+B+B-4=36$
$\therefore B=13$
$\therefore A=14, \quad C=9$

25. ①

$\dfrac{거리}{속력}=시간$이고, 처음 집에서 공원을 간 거리를 x라고 할 때,

$\dfrac{x}{2}+\dfrac{x+3}{4}=6 \Rightarrow 3x=21$
$\therefore x=7$

26. ⑤

20%의 소금물의 양을 Xg이라 하면, 증발시킨 후 소금의 양은 같으므로

$X \times \dfrac{20}{100} = (X-60) \times \dfrac{25}{100}$, $X = 300$이다.

더 넣은 소금의 양을 xg이라 하면,

$300 \times \dfrac{20}{100} + x = (300-60+x) \times \dfrac{40}{100}$

$x = 60$

27. ③

민수의 올해 나이를 x라 하면

$\dfrac{1}{4}(x-2) = \dfrac{1}{5}(x+1)$

$5(x-2) = 4(x+1)$

$5x-10 = 4x+4$ ∴ $x = 14$(세)

28. ②

조건 (가)에서 R석의 티켓의 수를 a, S석의 티켓의 수를 b, A석의 티켓의 수를 c라 놓으면

$a+b+c = 1,500$ ······ ㉠

조건 (나)에서 R석, S석, A석 티켓의 가격은 각각 10만 원, 5만 원, 2만 원이므로

$10a+5b+2c = 6,000$ ······ ㉡

A석의 티켓의 수는 R석과 S석 티켓의 수의 합과 같으므로

$a+b = c$ ······ ㉢

세 방정식 ㉠, ㉡, ㉢을 연립하여 풀면

㉠, ㉢에서 $2c = 1,500$이므로 $c = 750$

㉠, ㉡에서 연립방정식

$\begin{cases} a+b = 750 \\ 2a+b = 900 \end{cases}$

을 풀면 $a = 150$, $b = 600$이다.

따라서 구하는 S석의 티켓의 수는 600장이다.

29. ④

서울역에서 승차권 예매를 한 20분의 시간을 제외하면 걸은 시간은 총 36분이 된다.

갈 때 걸린 시간을 x분이라고 하면 올 때 걸린 시간은 $36-x$분

갈 때와 올 때의 거리는 같으므로

$70 \times x = 50 \times (36-x)$

$120x = 1,800 \rightarrow x = 15$분

사무실에서 서울역까지의 거리는 $70 \times 15 = 1,050$m

왕복거리를 구해야 하므로 $1,050 \times 2 = 2,100$m가 된다.

30. ③

증감률 구하는 공식은 $\dfrac{\text{올해 매출} - \text{전년도 매출}}{\text{전년도 매출}} \times 100$이다.

따라서 $\dfrac{362-271}{271} \times 100 ≒ 33.6(\%)$

31. ③

2021년 아메리카 국가 수출 상담실적은 271(칠레)+985(미국)=1,256이고,

아시아 국가 수출 상담실적은 369(타이완)+548(인도)+968(중국)=1,885이므로

$\dfrac{1,885}{1,256} ≒ 1.5$배다.

32. ②

자원의 수입은 바다를 통해 배로 들어오게 된다. 따라서 원료들은 제조과정에서 중량 및 부피가 감소하므로 이것을 가공하여 시장으로 보내게 된다.

①④은 알 수 없다.

③ 〈표1〉에서 자원 수입에 대한 자료만 주었을 뿐 우리나라가 원료지향형 공업이라는 어떠한 근거도 찾을 수 없다.

⑤ 자원 수입 의존도가 높다는 것은 해당 자원이 우리나라에 많지 않다는 것이므로 지양하게되면 사회 전반적으로 문제가 발생할 수 있다.

33. ③

① A지역의 전체 면적은 2018년부터 2022년까지 지속적으로 증가한 것이 아니라 2020년 $2.78km^2$에서 약 $2.69km^2$로 감소하였다.

② 삼림 면적은 2018년에 A지역 전체 면적의 25% 미만에서 2022년에는 55% 이상으로 증가하였지만 토지유형 중 증가율이 가장 높은 것은 훼손지이다.

④ 2018년 나지 면적은 전체 면적의 30% 이상을 차지하였고 점차 감소하는 경향을 보이나 2020년에는 증가하였다.

⑤ 2018년 ~ 2020년 훼손지의 변화는 없으므로 나지의 연도별 면적 변화폭이 다른 토지유형의 연도별 면적 변화폭에 비해 가장 작은 것으로 볼 수는 없다.

34. ④

ⓛ 남자 사원인 동시에 독서량이 5권 이상인 사람은 남자 사원 4명 가운데 '태호' 한 명이다. 1/4=25(%)이므로 옳지 않은 설명이다.

ⓒ 독서량이 2권 이상인 사원 가운데 남자 사원의 비율 : 3/5

인사팀에서 여자 사원 비율 : 2/6

전자가 후자의 2배 미만이므로 옳지 않은 설명이다.

ⓞ $\frac{독서량}{전체 사원수} = \frac{30}{6} = 5$(권)이므로 옳은 설명이다.

ⓔ 해당되는 사람은 '나현, 주연, 태호'이므로 3/6=50(%)이다. 따라서 옳은 설명이다.

35. ④

④ 2022년부터 인증심사원 1인당 연간 심사할 수 있는 농가수가 상근직은 400호, 비상근직은 250호를 넘지 못하도록 규정이 바뀐다고 할 때 A지역에는 (4 × 400호) + (2 × 250호) = 2,100이므로 440개의 심사 농가 수에 추가의 인증심사원이 필요하다. 그런데 모두 상근으로 고용할 것이고 400호 이상을 심사할 수 없으므로 추가로 2명의 인증심사원이 필요하다. 그리고 같은 원리로 B지역도 2명, D지역에서는 3명의 추가의 상근 인증심사원이 필요하다. 따라서 총 7명을 고용해야 하며 1인당 지급되는 보조금이 연간 600만 원이라고 했으므로 보조금 액수는 4,200만 원이 된다.

36. ③

③ 2010 ~ 2013년은 세계 HDD 시장의 중국 생산이 감소하였다.

37. ⑤

㉠ 서울의 어음부도율은 차이가 없지만, 지방은 2월과 4월에 회복세를 보였다.

㉡ 1월 : $\frac{43}{130} \times 100 ≒ 33(\%)$, 4월 : $\frac{37}{94} \times 100 ≒ 39$

㉢ 어음부도율이 낮아지는 것은 국내경기가 전월보다 회복세를 보이고 있다는 것으로 볼 수 있다.

38. ②

각각 경우의 표를 만들면

	언어	수리	외국어	사회탐구
A	○	○		
B		○	○	
C		○		○
D		○	○	
계	3	4	3	2

이중 A가 외국어 문제를 풀었다면 B, 또는 D가 사회탐구 문제를 풀었으므로 C는 반드시 언어영역 문제를 풀어야 한다.

만약 A가 사회탐구 문제를 풀었다면 B와 D는 사회탐구 문제를 풀 수 없으므로 반드시 언어영역 문제를 풀어야 하고 C 외국어영역 문제를 풀어야 한다.

39. ③

보기에 조건을 대입하여 하나씩 제거하면 답을 금방 찾을 수 있다.

• 병과 무가 해외연수를 받는 사이에 적어도 두 사람이 해외연수를 받는다고 하였으므로 병과 무 사이에 두 명이 존재한다.

• 한 달에 한 사람이 받으므로 겹치지는 않는다.

• 정과 갑은 인접해 있을 수 없으므로 최소 사이에 1명은 있어야 한다.

40. ④

제시된 내용에 따라 정리를 하면

	영어	일본어	중국어	러시아어
A	×	○	×	○
B			×	○
C	×	×	○	×
D			×	○

① 영어, 일본어 둘 중 하나는 남자 두 명이 수강하게 된다.
② D는 남자이므로 반드시 두 과목을 수강하게 된다.
③ B는 영어와 러시아어를 수강하게 되면 옳은 내용이 된다.
④ B와 D는 영어 또는 일본어를 수강하게 되므로 틀린 내용이다.
⑤ 러시아어를 수강하고 있는 사람은 모두 남자다.

41. ④

가위바위보를 해서 모두 이기면 $30 \times 5 = 150$점이 된다.
여기서 한 번 비기면 총점에서 4점이 줄고, 한 번 지면 총점에서 6점이 줄어든다.
만약 29번 이기고 1번 지게 되면 $(29 \times 5) + (-1) = 144$점이 된다.
즉, 150점에서 −6, 또는 −4를 통해서 나올 수 있는 점수를 가진 사람만이 참말을 하는 것이다. 정의 점수 140점은 1번 지고, 1번 비길 경우 나올 수 있다. $(28 \times 5) + 1 - 1 = 140$

42. ①

㉠과 ㉢에 의해 A − D − C 순서이다.
㉺에 의해 나머지는 모두 C 뒤에 들어왔다는 것을 알 수 있다.
㉡과 ㉥에 의해 B − E − F 순서이다.
따라서 A − D − C − B − E − F 순서가 된다.

43. ③

인천에서 모스크바까지 8시간이 걸리고, 6시간이 인천이 더 빠르므로
09 : 00시 출발 비행기를 타면 $9 + (8 - 6) = 11$시 도착
19 : 00시 출발 비행기를 타면 $19 + (8 - 6) = 21$시 도착
02 : 00시 출발 비행기를 타면 $2 + (8 - 6) = 4$시 도착

44. ④

농부와 의사의 집은 서로 이웃해 있지 않으므로, 가운데 집에는 광부가 산다. 가운데 집에 사는 사람은 광수이고, 개를 키우지 않는다. 파란색 지붕 집에 사는 사람이 고양이를 키우므로, 광수는 원숭이를 키운다. 노란 지붕 집은 의사의 집과 이웃해 있으므로, 가운데 집의 지붕은 노란색이다. 따라서 수덕은 파란색 지붕 집에 살고 고양이를 키운다. 원태는 빨간색 지붕 집에 살고 개를 키운다.

45. ③

제시된 설문조사에는 광고 매체 선정에 참고할 만한 조사 내용이 포함되어 있지 않다. 따라서 ③은 이 설문조사의 목적으로 적합하지 않다.

46. ④

①③ 법률의 공포문 전문에는 대통령인이 찍혀 있다. 확정된 법률을 대통령이 공포하지 아니할 때에는 국회의장이 공포하며, 이 경우 국회의장인이 찍혀 있다.

② 조약 공포문의 전문에는 대통령인이 찍혀 있다.

⑤ 종이관보를 우선으로 하며, 전자관보는 부차적인 효력을 가진다.

47. ④

63,000원의 25%인 15,750원을 납부하면 나머지 75%인 47,250원을 지원해 주는 제도이다.

① 국민연금 제도의 가입은 별도로 확인 처리해야 한다고 언급되어 있다.

② 18세 이상 60세 미만의 구직급여 수급자로 제한되어 있다.

③ 종합소득(사업·근로소득 제외)이 1,680만 원을 초과하는 자는 지원 제외 대상이다.

⑤ 300+80+60=440만 원이므로 평균소득이 약 147만 원이며, 이의 50%는 70만 원을 넘게 되므로 인정소득 한도를 넘게 된다.

48. ①

① 새로운 경쟁사들이 시장에 진입할 가능성은 경쟁사(Competitor) 분석에 들어가야 할 질문이다.

49. ④

가팀, 다팀을 연결하는 방법은 2가지가 있는데.
㉠ 가팀과 나팀, 나팀과 다팀 연결 : 3 + 1 = 4시간
㉡ 가팀과 다팀 연결 : 6시간
즉, 1안이 더 적게 걸리므로 4시간이 답이 된다.

50. ②

다팀, 마팀을 연결하는 방법은 2가지가 있는데.
㉠ 다팀과 라팀, 라팀과 마팀 연결 : 3 + 1 = 4시간
㉡ 다팀과 마팀 연결 : 2시간
즉, 2안이 더 적게 걸리므로 2시간이 답이 된다.

1	①	2	③	3	③	4	④	5	①	6	②	7	③	8	①	9	①	10	④
11	②	12	⑤	13	①	14	①	15	②	16	⑤	17	①	18	③	19	③	20	②
21	④	22	②	23	④	24	⑤	25	③	26	⑤	27	④	28	③	29	①	30	①
31	②	32	③	33	③	34	③	35	③	36	④	37	③	38	④	39	①	40	⑤
41	③	42	②	43	②	44	①	45	④	46	②	47	③	48	③	49	③	50	⑤

1. ①

'있다'의 어간 '있-'에 '어떤 일에 대한 원인이나 근거'를 나타내는 연결 어미 '-(으)매'가 결합한 형태이다.

② '선보이-'+'-었'+'-어도' → 선보이었어도 → 선뵀어도

③ 한글 맞춤법 제40항에 따르면 어간의 끝음절 '하'가 아주 줄 적에는 준 대로 적는다. 따라서 '야속하다'는 '야속다'로 줄여 쓸 수 있다.

④ '마구', '많이'의 뜻을 더하는 접두사 '처-'를 쓴 단어이다. '(~을) 치다'의 '치어'가 준 말인 '쳐'가 오지 않도록 한다.

⑤ '몇 일'은 없는 표현이다. 표준어인 '며칠'로 쓴다.

2. ③

어간의 끝음절 '하'가 아주 줄 적에는 준 대로 적는다〈한글맞춤법 제40항 붙임2〉.

① 윗층 → 위층

② 뒷편 → 뒤편

④ 생각컨대 → 생각건대

⑤ 윗어른 → 웃어른

3. ③

- 인출(引出) : 예금 따위를 찾음
- 도출(導出) : 판단이나 결론 따위를 이끌어 냄
- 색출(索出) : 샅샅이 뒤져서 찾아냄

4. ④

㉠은 어떤 심정에 잠기다의 뜻이므로 ④와 같은 의미로 쓰였다.
① 물기 배어 축축하게 되다.
② 감각에 익다.
③ 하늘이 어떤 빛깔을 띤 상태가 되다.
⑤ 어떤 영향을 받아 몸에 배다.

5. ①

- 우리나라의 사회보장 체계는 사회적 위험을 보험의 방식으로 대처함으로써 국민의 건강과 소득을 보장한다.
- 혼자서 일상생활을 수행하기 어려운 노인 등에게 신체활동 또는 가사노동에 도움을 준다.
- 제조 · 판매업자가 장애인으로부터 서류일체를 위임받아 청구를 대행하였을 경우 지급이 가능한가요?
- 급속한 고령화에 능동적으로 대처할 수 있는 능력을 배양해야 한다.
- 고령 사회에 대비해 제도가 맞닥뜨린 문제점을 정확히 인식하고 개선방안을 모색하는 것이 필요하다.
① 완수 : 뜻한 바를 완전히 이루거나 다 해냄.
② 대비 : 앞으로 일어날지도 모르는 어떠한 일에 대응하기 위하여 미리 준비함. 또는 그런 준비.
③ 대행 : 남을 대신하여 행함.
④ 수행 : 일정한 임무를 띠고 가는 사람을 따라감. 또는 그 사람.
⑤ 대처 : 어떤 정세나 사건에 대하여 알맞은 조치를 취함.

6. ②

② 윗글에서는 기존의 주장을 반박하는 방식의 서술 방식은 찾아볼 수 없다.

7. ③

㉠은 적응의 과정을 ㉡은 이질성의 극복 방안, ㉢은 동질성 회복이 쉽다는 이야기로 ㉣은 이질화의 극복에 대한 문제 제기를 하고 있다. 그러므로 ㉢→㉣→㉡→㉠이 가장 자연스럽다.

8. ①

"희생제의의 기원이나 형식을 밝히기 위한 종교현상학적 연구들이 시도되어 왔다. 그리고 인류학적 연구에서는 희생제의에 나타난 인간과 문화의 본질에 대한 탐색이 있어 왔다."를 보면 인간 사회의 특성과 사회 갈등 형성 및 해소를 희생제의와 희생양의 관계를 통해 설명하는 것은 인류학적 연구이다.

9. ①

사이버공간과 인간 공동체를 비교해 보면 사이버공간 전체의 힘은 다양한 접속점들 간의 연결을 얼마나 잘 유지하느냐에 달려 있고, 인간 공동체의 힘 역시 접속점 즉 개인과 개인, 다양한 집단과 집단 간의 견고한 관계유지에 달려 있다고 본다.
그러므로 유사성을 부정하고 아닌 차이를 부각하는 내용이어야만 한다.

10. ④

위세품은 정치, 사회적 관계를 표현하기 위해 사용된 물품이다. 당사자 사이에만 거래되어 일반인이 입수하기 어려운 물건으로 피장자가 착장(着裝)하여 위세를 드러내던 것을 착장형 위세품이라고 한다. 생산도구나 무기 및 마구 등은 일상품이기도 하지만 물자의 장악이나 군사력을 상징하는 부장품이기도 하다. 이것들은 피장자의 신분이나 지위를 상징하는 물건으로 일상품적 위세품이라고 한다.

11. ②

첫 번째 의미 – 기적적인 것의 반대
두 번째 의미 – 흔하고 일상적인 것
세 번째 의미 – 인위적의 반대
① 기적적인 것의 반대는 맞으나 인위적인 것의 반대는 아니다.
② 흔하고 일상적인 것이 아니고, 인위적인 행위에 해당한다.
③ 기적적인 것의 반대이므로 맞으나 흔하고 일상적인 것은 아니다.
④ 기적적인 것의 반대이므로 맞으나 흔하고 일상적인 것은 아니다.
⑤ 흔하고 일상적인 것이며, 인위적인 것의 반대가 맞다.

12. ⑤

㈑ 17세기 네덜란드의 그림 취향

㈏ 예시, 루뱅 보쟁의 〈체스 판이 있는 정물 – 오감〉

㈎ 〈체스 판이 있는 정물 – 오감〉에 그려진 사물들의 의미

㈐ 다른 작품들로부터 찾을 수 있는 〈체스 판이 있는 정물 – 오감〉의 의미

13. ①

배경지식이 전혀 없던 상태에서는 X선 사진을 관찰하여도 아무 것도 찾을 수 없었으나 이론과 실습 등을 통하여 배경지식을 갖추고 난 후에는 X선 사진을 관찰하여 생리적 변화, 만성 질환의 병리적 변화, 급성질환의 증세 등의 현상을 알게 되었다는 것을 보면 관찰은 배경지식에 의존하다고 할 수 있다.

14. ①

슬로비치 모델은 언론의 보도가 확대 재생산되는 과정에 대한 이론이고, 빈칸 이후의 '이로 말미암은 부정적 영향…'을 볼 때, 빈칸에 들어갈 문장은 ①이 가장 적절하다.

15. ②

앨런 튜링은 세계 최초의 머신러닝 발명품을 고안해낸 것이 아니며, 머신러닝을 하는 체스 기계를 생각하고 있었다고만 언급되어 있으며, 이것을 현실화한 것이 알파고이다.
① 앨런 튜링의 인공지능에 대한 고안 자체는 컴퓨터 등장 이전에 '튜링 머신'을 통해 이루어졌다.
③ 알파고는 컴퓨터들과 달이 입력된 알고리즘을 기반으로 스스로 학습하는 지능을 지녔다.
④ 알파고 이전에도 바둑이나 체스를 두는 컴퓨터가 존재했었다.

16. ⑤

첫 번째 문단에서 '일정한 주제 의식이나 문제의식을 가지고 독서를 할 때 보다 창조적이고 주체적인 독서 행위가 성립될 것이다.'라고 언급하고 있다.

17. ①

두 번째 문단에서 '간단한 읽기, 쓰기와 셈하기 능력만 갖추고 있으면 얼마 전까지만 하더라도 문맹 상태를 벗어날 수 있었다.'고 언급하고 있다.

18. ③

두 번째 문단 후반부에서 내적 형상이 물체에 옮겨진 형상과 동일한 것은 아니라고 하면서, '돌이 조각술에 굴복하는 정도'에 응해서 내적 형상이 내재한다고 하였다.

① 두 번째 문단 첫 문장에서 '형상'이 질료 속에 있는 것이 아니라, 장인의 안에 존재하던 것임을 알 수 있다.

② 첫 번째 문단 마지막 문장에서 질료 자체에는 질서가 없다고 했으므로, 지문의 '질료 자체의 질서와 아름다움'이라는 표현이 잘못되었다.

④ 마지막 문장에 의하면, 장인에 의해 구현된 '내적 형상'을 감상자가 복원함으로써 아름다움을 느낄 있다고 하였다. 자연 그대로의 돌덩어리에서는 복원할 '내적 형상'이 있다고 할 수 없다.

⑤ 질서를 부여하고 통합하는 것은 장인이 '형상'을 질료에 옮기는 과정이다. 감상자는 부수적 성질을 '버리고' 내적 형상을 환원한다.

19. ③

주어진 문장의 '이것'은 ㈐ 앞의 문장의 '동양의 학문에서는 당위성과 사실성이 하나의 체계 속에 자연스럽게 서로 연결되고 있음'을 의미한다.

20. ②

① mtDNA와 같은 하나의 영역만이 연구된 상태에서는 그 결과가 시사적이기는 해도 결정적이지는 않다.

③ 그 수형도는 인류학자들이 상상한 장엄한 떡갈나무가 아니라 윌슨이 분석해 놓은 약 15만 년밖에 안 된 키작은 나무와 매우 유사하였다.

④ 언더힐의 가계도도 윌슨의 가계도와 마찬가지로 아프리카 지역의 인류 원조 조상에 뿌리를 두고 갈라져 나오는 수형도였다.

⑤ Y염색체가 하나씩 존재하는 특성이 있어 재조합을 일으키지 않고, 그 점은 연구 진행을 수월하게 하기 때문이다.

21. ④

할인하기 전 가방의 판매 가격을 x, 모자의 판매 가격을 y라 하면

$x + y = 58,000$

$\dfrac{30}{100}x + \dfrac{15}{100}y = 15,000$

$\therefore x = 42,000$

22. ②

유자시럽 24g과 물 176g을 섞은 유자차의 농도 : $\dfrac{24}{24+176} \times 100 = 12(\%)$

12%의 유자차 50g에 들어 있는 유자시럽의 양 : $\dfrac{12}{100} \times 50(\text{g})$

8%의 유자차 $(50+x)$g에 들어 있는 유자 시럽의 양 : $\dfrac{8}{100} \times (50+x)(\text{g})$

유자시럽의 양은 변하지 않으므로

$\dfrac{12}{100} \times 50 = \dfrac{8}{100} \times (50+x)$

$600 = 400 + 8x \quad \therefore x = 25(\text{g})$

23. ④

A의 일의 속도를 a라고 하고, B의 일의 속도를 b라고 하면

$a = \dfrac{w}{12}, \ b = \dfrac{w}{20}$

A가 4일 동안 할 수 있는 일의 양은 $\dfrac{w}{12} \times 4 = \dfrac{w}{3}$

남은 일의 양은 $w - \dfrac{w}{3} = \dfrac{2}{3}w$

A와 B가 힘을 합친 속도는 $\dfrac{w}{12} + \dfrac{w}{20} = \dfrac{2}{15}w$

남은 일을 힘을 합쳐서 할 때 걸리는 기간 $\dfrac{2}{3}w \div \dfrac{2}{15}w = 5$일

24. ⑤

정가를 x원이라 하면,

판매가 $= x - x \times \dfrac{20}{100} = x\left(1 - \dfrac{20}{100}\right) = 0.8x(\text{원})$

이익 $= 100 \times \dfrac{4}{100} = 4(\text{원})$

따라서 식을 세우면 $0.8x - 100 = 4$, $x = 130(\text{원})$

정가는 130원이므로 원가에 $y\%$의 이익을 붙인다고 하면,

$100 + 100 \times \dfrac{y}{100} = 130$, $y = 30$

따라서 30%의 이익을 붙여 정가를 정해야 한다.

25. ③

오염물질의 양은 $\dfrac{3}{100} \times 30 = 0.9(kg)$

깨끗한 물을 xkg 더 넣는다면

$$\dfrac{0.9}{30+x} \times 100 = 2.5, x = 6(kg)$$

26. ⑤

두 주사위를 동시에 던질 때 나올 수 있는 모든 경우의 수는 36이다. 숫자의 합이 7이 될 수 있는 확률은 $(1,6)$, $(2,5)$, $(3,4)$, $(4,3)$, $(5,2)$, $(6,1)$ 총 6가지, 두 주사위가 같은 수가 나올 확률은 $(1,1)$, $(2,2)$, $(3,3)$, $(4,4)$, $(5,5)$, $(6,6)$ 총 6가지다.

$$\therefore \dfrac{6}{36} + \dfrac{6}{36} = \dfrac{1}{3}$$

27. ④

4명이 각자 받은 금액을 x라 하면, 4명이 받은 금액은 모두 같으므로, 하루 매출액의 총액은 $4x$

A가 받은 금액 $\rightarrow x = 10 + (4x - 10) \times \dfrac{1}{5}$

$\therefore x = 40$

하루 매출총액은 $4x = 4 \times 40 = 160$만 원

28. ③

두 사람이 달리는 속도를 초속으로 바꾸어 계산하면 $\dfrac{3.6 \times 1,000}{60 \times 60} = 1\mathrm{m/s}$

기차와 같은 방향으로 달릴 때는 기차가 달리는 사람을 지나치는데 오랜 시간이 걸리므로 A가 기차와 같은 방향, B가 기차와 반대방향으로 달리고 있다.

A는 24초, B는 20초이므로 두 사람의 거리 차는 $1 \times (24 + 20) = 44\mathrm{m/s}$

기차는 이 거리를 4초 만에 통과하였으므로 기차의 속력은 $\dfrac{44}{4} = 11$

기차와 같은 방향으로 달리는 A를 지나칠 때의 속력은 $11 - 1 = 10\mathrm{m/s}$, 반대 방향으로 달리는 B를 지나칠 때의 속력은 $11 + 1 = 12\mathrm{m/s}$

기차의 길이는 $10 \times 24 = 12 \times 20 = 240\mathrm{m}$

29. ①

$x=667.6-(568.9+62.6+22.1)=14.0$

30. ①

$300\div160=1.875\fallingdotseq1.9$(억 원)이고 7km이므로 $1.9\times7\fallingdotseq13.3$(억 원)

31. ②

여자의 십만 명 당 사망자 수가 가장 많은 곳은 470.2인 부산이다.

남자의 십만 명 당 사망자 수가 많은 지역은 부산＞대전＞대구＞서울＞광주 순이다.

여자의 십만 명 당 사망자 수가 많은 지역은 부산＞대전＞대구＞광주＞서울 순이다.

32. ③

남자의 수 $= x$, $x : 100,000 = 20,955 : 424.1$

$424.1x = 20,955\times100,000$이고, $x=\dfrac{2,095,500,000}{424.1}\fallingdotseq4,940,000$이다.

여자의 수 $= y$, $y : 100,000 = 16,941 : 330.2$

$330.2y = 16,941\times100,000$이고, $y=\dfrac{1,694,100,000}{330.2}=5,130,000$이다.

따라서 $4,941,000 + 5,130,000 = 10,070,000$명이다.

33. ②

② 2030년 운송정보부가 전체에서 차지하는 비중은 $\dfrac{22.0}{78.1}\times100\fallingdotseq28.2\%$

① 운송정보부의 2021년 전년대비 투자액의 증가율은 $\dfrac{13.1-10.9}{10.9}\times100\fallingdotseq20.2\%$로 가장 크다.

③ 2030년부터 2040년까지 매년 30%씩 증가하면, 즉 10년간 전년대비 1.3배가 된다면 $1.3^{10}=$ 약13.8배가 된다. 휴먼안전센터의 경우 2040년에 2030년에 비해 약 2배의 금액으로 투자전망이 되었다.

④ 휴먼안전센터의 경우 2020년 대비 2040년에 3배 넘게 증가하여 다른 부서보다 높은 증가율을 보인다.

　　※ 100%(1배) 증가 = 2배, 200%(2배) 증가 = 3배, 50%(0.5배) 증가 = 1.5배

⑤ 전기운용부의 전년대비 증가율은 다음과 같다.

2021년 : $\dfrac{6.5-5.6}{5.6}\times100\fallingdotseq16.1\%$

2022년 : $\dfrac{7.3-6.5}{6.5}\times100\fallingdotseq12.3\%$

34. ③

㉠ 전체 판정성공률

• A : $\dfrac{35+25}{100}=60(\%)$

• B : $\dfrac{20+45}{100}=65(\%)$

  ∴ A < B

㉡ 실제 도주자가 여성일 때 판정성공률

• A : $\dfrac{35}{50}\times100=70(\%)$

• B : $\dfrac{20}{50}\times100=40(\%)$

  ∴ A > B

㉢ 실제 도주자가 남성일 때 판정성공률

• A : $\dfrac{25}{50}\times100=50(\%)$

• B : $\dfrac{45}{50}\times100=90(\%)$

  ∴ A < B

㉣ ㉡㉢에서 보면 A는 여성 도주자에 대한 판정성공률이 높고, B는 남성 도주자에 대한 판정성공률이 높다는 것을 알 수 있다.

35. ③

③ 2020년과 2021년의 증가폭은 둘 다 0.7%p로 같지만, 증가율은 같은 증가폭일 경우 전년도 자료값이 적은 것이 크므로 증가율이 큰 해는 2020년이다.

36. ④

④ OECD 순위는 2015년부터 현재까지 하위권이라 볼 수 있다.

37. ③

③ 2018년 산림골재가 차지하는 비중은 54.5%이고, 2016년 육상골재가 차지하는 비중은 8.9%로 8배 이하이다.

38. ④

네 문장 중 하나만 거짓이므로

Ⅲ이 거짓이면 교내 마라톤 코스는 7km이고 Ⅰ, Ⅱ는 거짓이다.

Ⅳ이 거짓이면 교내 마라톤 코스는 8km이고 Ⅰ, Ⅱ는 거짓이다.

따라서 Ⅲ, Ⅳ는 항상 참이다.

또 Ⅰ 또는 Ⅱ가 참이면 둘 중 하나는 거짓이므로 Ⅲ, Ⅳ는 참이다.

따라서 항상 옳은 것은 ④이다.

39. ①

민경이와 린이만 여자이고 김 씨와 강 씨는 여자이다.

또 석진이는 박 씨 또는 이 씨 인데, 두 번째 문장에 의해 석진이 성은 박 씨이다. 따라서 찬수의 성은 이 씨이고, 찬수는 꼴찌가 아니다. 석진이는 찬수보다 빠르고 민경이보다 늦었다고 했으므로 1등이 민경이, 2등이 석진이, 3등이 찬수이다. 따라서 1등을 한 민경이의 성이 김 씨이고 린이는 강 씨이다.

40. ⑤

제시된 내용에 따라 정리해 보면

첫 번째와 두 번째 내용에 따라 D > E > A

세 번째 내용을 보면 A가 가장 적게 나가는 것이 아니므로 A 뒤에 C가 온다.

그러므로 D > E > B > A > C가 된다.

41. ③

주어진 조건에서 확정 조건은 다음과 같다.

B, F	A, ( )	C, D, E 중 2명
( )	갑	( )

그런데 세 번째 조건에서 을은 C와 F에게 교육을 하지 않았다고 하였으므로 F가 있는 조와 이미 갑이 교육을 하는 조를 맡지 않은 것이 된다. 따라서 맨 오른쪽은 을이 되어야 하고 남는 한 조인 B, F조는 병이 될 수밖에 없다. 또한 이 경우, 을이 C를 교육하지 않았다고 하였으므로 을의 조는 D와 E가 남게 되며, C는 A와 한 조가되어 결국 다음과 같이 정리될 수 있다.

B, F	A, C	D, E
병	갑	을

따라서 선택지 ③에서 설명된 'C는 갑에게 교육을 받는다.'가 정답이 된다.

42. ②

조건대로 하나씩 채워나가면 다음과 같다.

	A	B	C	D	E
해외펀드	×	×	○	×	×
해외부동산	×	○	×	×	×
펀드	×	×	×	×	○
채권	○	×	×	×	×
부동산	×	×	×	○	×

A와 E가 추천한 항목은 채권, 펀드이다.

43. ②

참인 명제의 대우는 항상 참이다.

ⓛ의 대우는 '귀걸이가 없는 사람은 팔찌가 있다'이다. ⓒ과 조합하면 b가 항상 옳은 것을 알 수 있다.

44. ①

우산을 챙길 확률은 비가 올 확률과 같고 도서관에 갈 확률을 눈이 올 확률과 같다. 내일 기온이 영하이면 눈이 오고, 영상이면 비가 온다. 따라서 내일 우산을 챙길 확률은

$\dfrac{40}{100} \times \dfrac{20}{100} = \dfrac{8}{100}$ 이고 내일 도서관에 갈 확률은 $\dfrac{40}{100} \times \dfrac{80}{100} = \dfrac{32}{100}$ 이다.

45. ④

이 의류 브랜드의 강점은 세련된 디자인으로 디자인 자체가 강점인 브랜드에서 경기침체를 이유로 디자인 비용을 낮추게 된다면 브랜드의 강점이 사라지므로 올바른 전략은 아니다.

① 디자인과 생산과정이 수직화되어 있으므로 빠른 생산력을 가지고 있다. 따라서 신흥시장 즉 진출 가능한 국가에서 빠른 생산력을 가지고 점유율을 높일 수 있다.

② 후발 주자에게 자리를 내주지 않기 위해서는 저렴한 생산비용인 대신 광고를 늘려 점유율을 유지하여야 한다.

③ 신흥시장에서 점유율을 높이기 위해 광고를 하여 낮은 인지도를 탈피하여야 한다.

⑤ 저렴한 생산비용을 통해 가격 경쟁력에서 우위를 점할 수 있기 때문에 후발 경쟁 브랜드를 따돌릴 수 있다.

46. ②

① 재원의 확보계획은 기본계획에 포함되어야 한다.
③ 환경부장관은 국가 폐기물을 적정하게 관리하기 위하여 10년마다 종합계획을 수립하여야 한다.
④ 시장·군수·구청장은 10년마다 관할 구역의 기본계획을 세워 도지사에게 제출하여야 한다.
⑤ 환경부장관은 종합계획을 세운 날부터 5년이 지나면 그 타당성을 재검토하여 변경할 수 있다.

47. ③

위의 주어진 조건을 기반으로 각 비용을 구하면 다음과 같다.
- 우진이와 여자 친구의 프리미엄 고속버스 비용 = 37,000원×2(명)×2(왕복)=148,000원
- 조카 2(여:50%를 할인 받음)의 운임 = 37,000원×50%×2(왕복)=37,000원
- 조카 1은 하행인 경우 우진이의 무릎에 앉아가고, 상행인 경우에 좌석을 지정해서 가는 것이므로 이는 편도에 해당한다.
  조카 1(남:75% 할인 받음)의 운임 = 하행선 무료+37,000원×(100−75%)=9,250원
∴ 148,000원+37,000원+9,250원=194,250원이 된다.

48. ③

지원 구분에 따르면 모친상과 같은 경조사는 경조사 지원에 포함되어야 한다. 따라서 F의 구분이 잘못되었다.

49. ③

③ 2023년 변경된 사내 복지 제도에 따르면 1인 가구 사원에게는 가~사 총 7동 중 가~다동이 지원된다.

50. ⑤

디젤 발전은 내연력을 통한 발전이므로 친환경과 지속가능한 에너지 정책을 위한 발전 형태로 볼 수 없다. 오히려 디젤 발전을 줄여 신재생에너지원을 활용한 전력 생산 및 공급 방식이 에너지 신산업 정책에 부합한다고 볼 수 있다.

상식 용어사전 시리즈

합격GO!

1 빈출 일반상식

공기업/공공기관 채용시험 일반상식에서 자주 나오는 빈출문항을 정리하여 수록한 교재! 한 권으로 일반상식 시험 준비 마무리 하자!

2 중요한 용어만 한눈에 보는 시사용어사전 1130

매일 접하는 각종 기사와 정보 속에서 현대인이 놓치기 쉬운, 그러나 꼭 알아야 할 최신 시사상식을 쏙쏙 뽑아 이해하기 쉽도록 정리했다!

3 중요한 용어만 한눈에 보는 경제용어사전 961

주요 경제용어는 거의 다 실었다! 경제가 쉬워지는 책, 경제용어사전!

4 중요한 용어만 한눈에 보는 부동산용어사전 1273

부동산에 대한 이해를 높이고 부동산의 개발과 활용, 투자 및 부동산 용어 학습에도 적극적으로 이용할 수 있는 부동산용어사전!

자격증
기출문제
총집합!

자격증 별로 정리된
기출문제로 깔끔하게 합격하자!

기출문제로 자격증 시험 준비하자!

스포츠지도사, 손해사정사, 손해평가사, 농산물품질관리사, 수산물품질관리사, 관광통역안내사,
국내여행안내사, 보세사, 건축기사, 토목기사